Doris Kempchen

Wirklichkeiten erkennen • enttarnen • verändern

Dialog und Identitätsbildung im Theater der Unterdrückten

Umschlaggestaltung: Swantje Osburg

Illustration: Sarah Grupe

Doris Kempchen

Wirklichkeiten erkennen • enttarnen • verändern

Dialog und Identitätsbildung
im Theater der Unterdrückten

ibidem-Verlag
Stuttgart

Die Deutsche Bibliothek - CIP-Einheitsaufnahme:

Ein Titeldatensatz für diese Publikation ist bei
Der Deutschen Bibliothek erhältlich

∞

Gedruckt auf alterungsbeständigem, säurefreien Papier
Printed on acid-free paper

ISBN: 3-89821-126-6
© *ibidem*-Verlag
Stuttgart 2001
Alle Rechte vorbehalten

Das Werk einschließlich aller seiner Teile ist urheberrechtlich geschützt. Jede Verwertung außerhalb der engen Grenzen des Urheberrechtsgesetzes ist ohne Zustimmung des Verlages unzulässig und strafbar. Dies gilt insbesondere für Vervielfältigungen, Übersetzungen, Mikroverfilmungen und elektronische Speicherformen sowie die Einspeicherung und Verarbeitung in elektronischen Systemen.

Printed in Germany

Die Menschen lieben
Das heißt die Wirklichkeit hassen.
Wer lieben kann
der kann alles lieben
nur sie nicht

Die Wahrheit lieben?
Vielleicht.
Erkennen kann Lieben sein.
Aber nicht die Wirklichkeit:
Die Wirklichkeit ist nicht die Wahrheit

Was wäre das
für eine Welt
wenn die Wirklichkeit
diese Wirklichkeit rund um uns
auch die Wahrheit wäre?

Die Welt vor dieser
Wirklichkeit retten wollen.
Die Welt wie sie sein könnte lieben:
Die Wirklichkeit
aberkennen

(Erich Fried, 1983)

Inhalt

Wirklichkeiten erkennen

"Der Künstler produziert, der Zuschauer konsumiert;
der Künstler redet, der Zuschauer hört zu.
In diesem besonderen Dialog
blieb einer der beiden Gesprächsteilnehmer stumm.
Das war kein Dialog.
Das war Monolog und jeder Monolog ist unterdrückend."[1]

Augusto Boal

Augusto Boal kritisiert nicht nur das klassisch-konventionelle Theater, sondern auch die monologischen Beziehungsstrukturen in der autoritären Gesellschaft, die den Menschen enthumanisieren. Mit seinem *Theater der Unterdrückten* möchte er den Menschen befähigen, sich aus diesen Machtstrukturen zu befreien.
Grundlegend dabei ist der Dialog zwischen Spielenden und Zuschauenden, der im Theater der Befreiung initiiert wird: Die Spielenden stellen aus ihrer Perspektive alltägliche Erfahrungen von Ohnmacht szenisch dar und fordern die Zuschauenden zum Mitspielen auf, um geeignete Lösungsstrategien für die benannten Probleme zu erproben. Durch die szenische Darstellung werden eigene und fremde Wirklichkeiten von Unterdrückung als solche erkannt, im Dialog mit dem Publikum die dahinterstehenden Macht- und Ohnmachtstrukturen enttarnt sowie gemeinsam nach Möglichkeiten ihrer Veränderung gesucht. In diesem dialogischen Prozess der Erkenntnis, Enttarnung und Veränderung von Wirklichkeiten, wird, so der brasilianische Pädagoge Paulo Freire, der Mensch erst seinem Sinn als Mensch gerecht. Denn menschlich existieren heißt, im zwischenmenschlichen Dialog die Welt benennen und sie verändern.

Dieses Buch setzt sich mit der Praxis des Theaters der Unterdrückten in Brasilien auseinander. Es wird aufgezeigt inwieweit Dialog und Kooperation in der Theaterarbeit vorhanden sind, bzw. sich entwickeln können. Gegenstand der Untersuchung ist das *Legislative Theater*, das von Boal und den MitarbeiterInnen des

---

[1] Im Original: "O artista produz, o espectador consume; o artista fala, o espectador escuta. Nesse diálogo muito especial, um dos interlocutores continuava mudo. Não era diálogo. Era monólogo, e todo monólogo é opressivo" (Boal 1980, 22).

Centro de Teatro do Oprimido[2] (CTO-Rio) seit 1993 als politisch-theatrales Experiment entwickelt wird. Während eines dreimonatigen Studienaufenthaltes[3] im CTO-Rio habe ich die Praxis des Legislativen Theaters in Form von *teilnehmender Beobachtung* begleitet.

Ausgehend von der Betrachtung der Bedingungen der Theaterarbeit und der AnleiterInnenrolle des *Curingas*[4] habe ich mich mit der Bedeutung von Dialog und Kooperation beschäftigt. Dialogisch-kooperative Beziehungen stellen eine wesentliche Grundlage zur Herausbildung einer stabilen Identität dar. Auch für Boal ist der Dialog ein fundamentaler Aspekt der bewusstseinsbildenden Theaterarbeit. Die Ausganghypothese der Untersuchung lautet dementsprechend, dass Dialog und Kooperation in der Praxis des Legislativen Theaters umgesetzt werden und damit das Theater der Unterdrückten eine identitätsbildende Funktion hat. Aus eigener Erfahrung mit Theater- und Körperarbeit habe ich erlebt, dass das Theaterspiel viele Möglichkeiten bietet, das eigene kreative Potential und einen *anderen* Blick auf sich selbst zu entwickeln.

Mit diesem Buch möchte ich im Sinne Boals, der das Theater der Unterdrückten als ein in seiner Entwicklung und Anwendung nie abgeschlossenes Projekt ansieht, einen weiteren Beitrag zur dialogischen Auseinandersetzung mit dem Theater und seiner Praxis geben.

Im ersten Kapitel des Buches findet sich eine Einführung in das Theater der Unterdrückten und in die Praxis des CTO-Rio (1.).

Zunächst wird die Zielsetzung und Entwicklung des Theaters dargestellt und aufgrund der zentralen Stellung im Legislativen Theater die Methode des *Forumtheaters* erläutert. Im Hinblick auf die Beurteilung des Forumtheaters in der Bildungsarbeit werden die Erfahrungen aus der Praxis mit dieser Methode in Deutschland aufgezeigt (1.1).

---

[2] "Zentrum des Theaters der Unterdrückten" in Rio de Janeiro/ Brasilien

[3] Der Studienaufenthalt hat im Rahmen des ASA Programms der Carl Duisberg Gesellschaft e.V. stattgefunden. Das ASA Programm ist ein entwicklungspolitisches Stipendienprogramm, das Studierenden und Berufstätigen Studien- und Arbeitsaufenthalte in Asien, Afrika und Lateinamerika ermöglicht.

[4] Der Curinga (= Joker) initiiert den Dialog zwischen Bühne und Publikum.

Da die aktuelle Arbeit des CTO-Rio und die Intention des Legislativen Theaters im Kontext seiner Entwicklung gesehen werden muss, ist eine Beschreibung der sozialen Verhältnisse und Strukturen in der brasilianischen Gesellschaft erforderlich (1.2).
Darauf folgt die Darstellung des Legislativen Theaters während der Mandatszeit Boals von 1993 bis 1996 als Abgeordneter im Stadtparlament von Rio de Janeiro und im Anschluss daran die Beschreibung des aktuellen Projektes des CTO-Rio, das ich vor Ort begleiten konnte (1.3).

In einem zweiten theoretischen Teil wird die Bedeutung der Begriffe Dialog, Kooperation und Identität erarbeitet (2.).
Dazu habe ich mich für die Sichtweise der psychologisch orientierten *Tätigkeitstheorie der Kulturhistorischen Schule* entschieden. Zunächst wird das Menschenbild der Theorie ausführlich dargestellt, um daraus die Begriffe Dialog und Kooperation sowie die Bildung von Identität im Zusammenhang mit der Persönlichkeitsentwicklung zu klären (2.1).
Da Augusto Boal seinen Dialogbegriff in Anlehnung an Paulo Freires *Pädagogik der Unterdrückten* definiert, soll der Dialog bei Freire im zweiten Teil des Kapitels behandelt werden (2.2).
Anschließend werden die bis dahin erarbeiteten Ergebnisse zusammengeführt und daraus charakteristische Merkmale und Strukturen von gelungenen und gestörten Dialogen entwickelt, um alltägliche Wirklichkeiten von Beziehungen zu enttarnen (2.3).

Im dritten Kapitel findet sich die empirische Dokumentation der Praxis mit dem *Legislativen Theater* (3.).
Zur Untersuchung der Theaterarbeit sind die Methoden der *Qualitativen Feldforschung* besonders gut geeignet, da sie in möglichst natürlichen Situationen angewandt werden. Die in diesem Rahmen eingesetzten Forschungsmethoden, die *teilnehmende Beobachtung* und das *problemzentrierte Interview*, werden im ersten Teil des Kapitels beschrieben. Im Weiteren wird der organisatorische Rahmen und die Vorgehensweise in der Feldforschung erläutert. Anschließend sollen Kriterien für die Beobachtung der Theaterarbeit und die Entwicklung der Interviewleitfäden vorgestellt werden (3.1). Die Interviewleitfäden selbst befinden sich im Anhang.
Die Dokumentation der Arbeit mit dem Legislativen Theater wird am Beispiel einer Theatergruppe des CTO durchgeführt. Dabei wird zunächst die Theatergruppe und

ihr Forumtheaterstück beschrieben, anschließend werden der Arbeitsprozess während der Proben sowie zwei Theateraufführungen dargestellt. Am Schluss der Dokumentation stehen die Bewertungen der Theaterarbeit durch die Gruppe selbst (3.2).

Die Diskussion hinsichtlich der Umsetzung von Dialog und der Kooperation in der Theaterarbeit erfolgt im letzten Teil des Buches (4.).
In Bezug auf die zuvor erarbeiteten Kriterien gelungener und gestörter Dialoge wird der Arbeitsprozess in der Theatergruppe (4.1) und ihre dargestellten Forumtheateraufführungen diskutiert (4.2). Dabei wird insbesondere die Rolle des Curingas, der die Theaterarbeit während der Proben anleitet und bei Aufführungen den Dialog zwischen Spielenden und Zuschauenden initiiert, genauer betrachtet. Gleichzeitig sollen aber auch die Bedingungen der Theaterarbeit und die Vorrausetzungen, welche die Beteiligten in den dialogischen Prozess einbringen, reflektiert werden. Als Ergebnis dieser Auswertung werden schließlich Perspektiven zur Förderung von Dialog und Kooperation in der Arbeit mit dem Forumtheater, der Kernmethode des Theaters der Unterdrückten, aufgezeigt (4.3).

Abschließend bedanke ich mich herzlich beim CTO-Rio, der Theatergruppe *Corpo em Cena* und dem ASA-Programm der Carl Duisberg Gesellschaft e.V. für die hilfreiche Unterstützung bei der Durchführung meiner Untersuchung. Ein großes Dankeschön geht an Jens Kramer und Prof. Dr. Dietlinde Gipser für ihr Engagement und die vielen aufschlussreichen Diskussionen, die mir bei der Anfertigung dieses Buches sehr geholfen haben. Weiterhin danke ich besonders Sylvia Meier, Gereon Schulze Althoff und meinen Eltern für ihre anregende und unterstützende Begleitung.

1 Das Theater der Unterdrückten

Unterdrückung begründet sich in monologischen Beziehungsstrukturen, die sich in öffentlichen wie privaten Gesellschaftsbereichen in der Machthierarchie zwischen zugeschriebenen sozialen Rollen äußern. Augusto Boal will mit den Methoden des Theaters der Unterdrückten einen emanzipatorischen Lernprozess initiieren, in dem die Menschen ihre eigenes Opferverhalten erkennen und sich aus dieser Rolle befreien.

In diesem Kapitel soll zunächst die Zielsetzung und Entwicklung des Theaters der Unterdrückten dargestellt und insbesondere die Methode des Forumtheaters und ihre Bedeutung in der Bildungsarbeit erläutert werden. Um die Intention des zuletzt von Boal und dem CTO-Rio entwickelten *Legislativen Theaters* zu verstehen, folgt eine Beschreibung des sozialpolitischen Kontextes in Brasilien. Im Anschluss daran wird das Legislative Theater während der Mandatszeit Boals als Abgeordneter im Stadtparlament von Rio de Janeiro und die aktuelle Praxis des CTO-Rio, das das politisch-theatrale Experiment ohne das Abgeordnetenmandat fortsetzt, erläutert.

1.1 Augusto Boals Theater der Unterdrückten

1.1.1 Zur Zielsetzung und Entwicklung des Theaters

Der Brasilianer Augusto Boal, Begründer des Theaters der Unterdrückten, ist einer der bedeutendsten Theatermacher des 20. Jahrhunderts. Das Theater der Unterdrückten besteht aus einem Arsenal von Übungen, Spielen und Theatertechniken, die Boal während seiner Theaterarbeit in Lateinamerika und Europa entwickelt hat. Während in Lateinamerika die Menschen unter existentiellen Problemen und offener politischer Unterdrückung leiden, findet in Europa die Unerdrückung in subtilerer Form statt. Grundmotivation des Theaters der Unterdrückten ist es, Situationen alltäglicher Unterdrückung bewusst zu machen. Mit seinen Theatertechniken möchte Boal die Menschen befähigen, sich aus äußeren und inneren Unterdrückungsmechanismen zu befreien, um so eine gesellschaftliche und persönliche Veränderung zu initiieren (vgl. Gipser 1986, 1f).

Boal, der mit seinen Theaterformen das didaktische Theater Brechts weiterentwickelt, kritisiert das konventionelle Volkstheater, das zwar für das Volk gemacht wird, sich aber in Wirklichkeit gegen das Volk richtet[5] (vgl. Boal 1989, 17). Das monologische Verhältnis zwischen Schauspielenden und Zuschauenden im konventionellen Theater ist für Boal Sinnbild der Unterdrückung. Der eine spezialisiert sich im Reden, der andere im Hören, der eine im Senden von Botschaften, der andere im Empfangen und Befolgen. Der eine ist Subjekt, der andere passives Objekt dieser *intransitiven* Beziehung (vgl. Boal 1980, 26). Die monologischen Machtverhältnisse, die das Lernen über die Gesellschaft und sich selbst verhindern, finden sich in der autoritären Gesellschaft in allen Bereichen wieder, in der Familie, Partei, Schule und Kirche. In dieser Rollenzuweisung in den sozialen Systemen wird die Unterdrückung reproduziert, so dass sich unabhängig der Klasse eine Kette der Unterdrückung entwickelt (vgl. Boal 1980, 27). Im europäischen Kontext erweitert Boal seine Definition von Unterdrückung; neben äußeren Unterdrückungsformen beschreibt er ihre Verinnerlichung, die sich in individuellen und psychischen Problemen wie Beziehungslosigkeit, Angst und Isolation äußern.

Das Theater der Unterdrückten will die Betroffenen mittels des spielerischen Dialogs aus ihrer Passivität befreien. Im Theater wird der Zuschauer zum Zu-schauspieler und selbst zum handelnden Subjekt (vgl. Boal 1996, 96). Spielende und Zuschauspielende suchen gemeinsam nach möglichen Lösungsstrategien für ein dargestelltes Problem. "Das Theater der Unterdrückten ist immer Dialog; wir lehren und lernen" (Boal 1989, 68). In einem Interview verdeutlicht Boal seine Definition vom Dialog:

> "Wenn du zu jemanden etwas sagst, dann musst du lernen, wie der andere das Gesagte versteht. (...) Wenn du nichts zurückbekommst, dann hat kein Dialog stattgefunden. Dialog heißt sich selbst und den anderen wertschätzen."
> (Interview mit Boal vom 18.08.1999)

Boal gibt zu bedenken, dass das, was wir Dialog nennen, nicht immer ein wirklicher Dialog ist, sondern oft nur ein Kreuzen paralleler Monologe (vgl. Boal 1996, 8). Hier zeigen sich Parallelen Boals zu Paulo Freires *Pädagogik der Unterdrückten*, in der ebenfalls der Dialog zwischen Lehrer und Schüler von zentraler Bedeutung ist[6] (vgl. hierzu Kap. 2.2).

---

[5] Heute kritisiert Boal v.a. die Massenmedien, die den benachteiligten Bevölkerungsgruppen in Lateinamerika eine fremde Wirklichkeit und Kultur präsentieren. Die Individualität und der Reichtum der verschiedenen Kulturen gehe durch die kulturelle Globalisierung verloren. Boal bezeichnet die Globalisierung als einen Monolog. Statt einer Uniformierung (uniformação) der Menschen fordert er ihre Vereinigung (unificação) mittels des Dialogs (vgl. Boal 1997).

[6] Boal berichtet, dass er sein Theater in Anlehnung an Freires Pädagogik der Unterdrückten benannt habe. Mit Freire verbinde ihn die gemeinsame Ausrichtung ihrer Arbeit; die Pädagogik Freires habe

Wie sich Boal hinsichtlich des Dialogs im Theater gegen Spezialisierungen wehrt, so hat er auch einen weiten Theaterbegriff: Das Theater ist "*die wahre Natur der Menschheit*" (Boal 1999, 25). "Der Mensch 'macht' nicht nur Theater, er 'ist' auch gleichzeitig Theater"[7] (Boal 1999, 24). Im Unterschied zum Tier besitzt der Mensch die Fähigkeit, sich selbst zu reflektieren, d.h. zugleich Subjekt und Objekt der Handlung zu sein, und das zu erkennen (vgl. Boal 1999, 25). Er begreift damit nicht nur "die dargestellte und gespielte Situation, sondern versteht auch, wie andere ihn in dieser Situation (an-)sehen" (Wiegand 1999, 29).

Ziel ist es, mittels des szenischen Dialogs Handlungsmodelle für die Zukunft zu entwerfen, die nicht nur im Theater, sondern auch im realem Leben umgesetzt werden (vgl. Boal 1999, 47). Wie das Theater am Schnittpunkt zwischen Realität und Fiktion (*Metaxis*) ansetzt, so ist auch Boals Katharsisform[8] dynamisierend und will zum Widerstand und Handeln auffordern. "Das Ziel des Theaters der Unterdrückten ist nicht Ruhe und Ausgeglichenheit, sondern ein Ungleichgewicht, das den Weg für eine Handlung vorbereitet. Sein Ziel ist die Dynamisierung" (Boal 1999, 72).

Die Entwicklung der einzelnen Techniken und Formen des Theaters der Unterdrückten steht in enger Verbindung zur Biographie Boals.

Der ursprüngliche Anspruch des Theaters der Unterdrückten in den 60er Jahren ist die Befreiung der unterdrückten Unterschicht Lateinamerikas (Bauern und Arbeiter) gewesen. Boal, der 1956 die Leitung des *Teatro de Arena* in São Paulo übernommen hat, inszeniert zunächst Agitationsstücke, die der theoretischen und praktischen Aufklärungsarbeit dienen sollen (vgl. Boal 1989, 20). Als 1964 die Regierungsgewalt in Brasilien vom Militär übernommen worden ist, entwickelt Boal mit dem Teatro de Arena die erste Form des Theaters der Unterdrückten, das **Zeitungstheater**[9]. Nachdem Boal 1971 aufgrund seiner regimekritischen Arbeiten für kurze Zeit verhaftet worden ist, lebt er bis 1976 in verschiedenen Ländern Lateinamerikas. In Argentinien hat er das **Unsichtbare Theater**[10] entwickelt, da auch hier die Militärs

---

aber keinen direkten Einfluss auf sein Theater gehabt, da sie beide – bis auf eine Konferenz der Universität Nebraska 1996 – nie wirklich zusammengearbeitet haben.

[7] Boals Theatertheorie zeigt einige Parallelen zu Goffmanns Konzept der Selbstdarstellung im Alltag, der das gesellschaftliche Rollenverhalten des Menschen untersucht hat (vgl. Wiegand 1999 u. Goffmann 1998).

[8] Boal kritisiert die aristotelische Katharsis (=Reinigung) des klassisch-konventionellen Theaters, das "durch den kathartischen Effekt der Entmachtung und Beruhigung das Individuum an die Gesellschaft bindet" (Boal 1999, 71).

[9] Zum Zeitungstheater vgl. Boal 1989; Schmidt 1991.

[10] Zum Unsichtbaren Theater vgl. Boal 1989; Büttner 1991; Thorau 1982.

die öffentliche Äußerung kritischer Meinungen nicht zu lassen (vgl. Neuroth 1994, 52f). Während seiner Mitarbeit bei einem Alphabetisierungsprogramm 1973 in Peru hat Boal zunächst die Technik der **Simultanen Dramaturgie**[11] angewandt. Aus dieser Theaterform und der des **Statuen- und Bildertheaters**[12] hat sich schließlich die Kernmethode des Theaters der Unterdrückten, das **Forumtheater**[13], entwickelt (vgl. Boal 1999, 15ff).

1976 ist Boal nach Europa emigriert, hat von 1978 bis 1986 in Paris gelebt und an der Sorbonne gelehrt. Zusammen mit seinen damaligen MitarbeiterInnen hat er 1979 das CEDITADE[14] gegründet, das 1985 in *Centre du Téatre de l'oprime* (CTO Paris) umbenannt worden ist (vgl. Balby 1997, 76). Mit dem CTO Paris hat er in verschiedenen Ländern Westeuropas mit dem Theater der Unterdrückten gearbeitet und die Ausrichtung des Theaters aufgrund des neuen Kontextes in der europäischen Gesellschaft verändert. Boal führt die individuellen Probleme und intrapsychischen Konflikte, denen er begegnet, auf internalisierte gesellschaftliche Unterdrückungsmechanismen zurück, die er *Polizisten im Kopf* nennt (vgl. Boal 1999, 21). Mit Hilfe der introspektiven Technik des **Polizisten im Kopf**[15] und seiner systematischen Ausarbeitung dem **Regenbogen der Wünsche**[16], sollen die inneren Handlungsblockaden, die befriedigende Erlebnisse der Menschen (miteinander) verhindern, aufgebrochen werden. Boal hat schon in Lateinamerika eine enge Verbindung zwischen Theater und Therapie gesehen, sich aber deutlich von der therapeutischen Arbeit distanziert. In Europa wendet er sich dem therapeutischen Theater zu, grenzt sich aber in seiner Zielsetzung vom Psychodrama Morenos[17] ab (vgl. Feldhendler 1992).

Nach dem Ende der Militärdiktatur 1986 ist Boal nach Brasilien zurückgekehrt und hat innerhalb der Durchführung eines Schulprogramms[18] des Bundesstaates Rio de

---

[11] Zur Simultanen Dramaturgie vgl. Boal 1989.

[12] Zum Statuen- und Bildertheater vgl. Boal 1989; Eggers/ Fink/Thrun 1991.

[13] Zum Forumtheater vgl. Kap. 1.2 und Boal 1989.

[14] *Centre d'etude et de diffusion des techniques actives d'expression* dt.: "Zentrum zum Studium und zur Verbreitung aktiver Ausdruckstechniken"

[15] Zum "Polizisten im Kopf" vgl. Boal 1999; Wiegand 1999,97-112.

[16] Zum Regenbogen der Wünsche vgl. Boal 1999.

[17] "Zielsetzung des Theaters der Unterdrückten ist die Veränderung d e r Gesellschaft, dagegen ist die Zielsetzung des Psychodramas die Veränderung i n d e r Gesellschaft durch Förderung der Integration des Individuums und der Gruppe" (Feldhendler 1992, 52).

[18] Integrierte Zentren für Volksbildung (CIEP)

Janeiro im Bereich der Ausbildung von Kultur-AnimatorInnen gearbeitet[19]. 1989 beginnt er mit einer Gruppe von MitarbeiterInnen des ehemaligen Schulprojektes das zweite *Centro de Teatro do Oprimido* (CTO-Rio) in Rio aufzubauen. Im Zusammenhang mit einer Wahlkampagne für die brasilianische Arbeiterpartei (PT)[20] hat er für das Amt des *Vereadors*[21] im Stadtparlament von Rio kandidiert. Nach seiner Wahl entwickelt er zusammen mit dem CTO-Rio das **Legislative Theater**: Bei der öffentlichen Inszenierung von Forumtheaterveranstaltungen, die sich mit sozialen Problemen der Stadtbevölkerung befassen, werden aus den vom Publikum eingebrachten Veränderungsvorschlägen Gesetzesentwürfe formuliert (vgl. Boal 1996). Mit dem Legislativen Theater will Boal die Demokratisierung der Politik und die Partizipation der Bevölkerung an politischen Entscheidungsprozessen fördern (vgl. hierzu Kap. 1.3).

1.1.2 Zur Methode des Forumtheaters

Im Forumtheater, der Kernmethode des Theaters der Unterdrückten, wird eine Modellszene dargestellt, die eine konkrete Unterdrückungssituation zeigt. Die Szene soll so gestaltet sein, dass das Publikum sich mit dem dargestellten Problem identifizieren oder zumindest eine Analogie herstellen kann – Boal nennt diesen Vorgang *Pluralisation* (vgl. Boal 1980, 128). Spielende und Zuschauende müssen demnach ähnliche Problemlagen erfahren haben[22]. Die Absicht des Forumtheaters ist die *Extrapolation*, die praktische Umsetzung der im Spiel gefundenen Handlungsalternativen in die Realität (vgl. Boal 1980, 130).

Forumtheateraufführungen können zu unterschiedlichen Zwecken inszeniert werden:

- Zur Vorbereitung und Planung einer konkreten Aktion (z.B. Streik).
- Zur Reflexion einer realen Unterdrückungssituation und zum Suchen von Handlungsstrategien für die Zukunft.

---

[19] Boal und seine Frau haben die Theaterabteilung des Programms, die sogenannten "Volkstheaterfabriken" geleitet (vgl. Balby 1997, 78).

[20] Partido dos Trabalhadores

[21] Übersetzt: Abgeordneter

[22] In einem Interview äußert Boal, dass Solidarität oder Sympathie der ZuschauspielerInnen mit den Unterdrückten zur Durchführung einer Forumsaufführung nicht ausreiche (vgl. Interview mit Boal vom 18.08.1999). Das CTO-Rio charakterisiert die verschiedenen Publikumsgruppen nach Homogenität und Heterogenität. Ein homogenes Publikum bildet einen geschlossenen Kreis, der die dargestellten Probleme kennt. Ein heterogenes Publikum findet sich bei großen Veranstaltungen im öffentlichen Rahmen.

- Zur Vorbereitung einer Gesetzesinitiative, die Unterdrückungsstrukturen aufhebt.

Die Szenen oder Stücke, deren Ausgangspunkt jeweils eine reale, konkrete Situation ist, sollen nach folgenden Kriterien gestaltet sein (vgl. hierzu Gipser 1986, 3):

- Anschauliche und klare Darstellung des Problems.
- Herausarbeitung der Charaktere, Protagonist und Antagonisten, mit theatralischen Mitteln, um die Intentionen und die Verhältnisse zueinander zu verdeutlichen.
- Darstellung der politischen Anschauung, des Berufs und gesellschaftlichen Status der Figuren durch typische Verhaltensweisen und Symbole[23].
- Die im Spiel dargebotene Lösung bleibt unbefriedigend[24], damit das Publikum angeregt wird, alternative Lösungsstrategien zu erproben.

Voraussetzung zur Darstellung einer Forumtheaterszene ist das Kennenlernen des eigenen Körpers. Die dazu von Boal entwickelten und gesammelten Körperspiele und Übungen sollen der Bewusstwerdung gesellschaftlich bedingter Deformationen des Körpers und der Wiederherstellung von möglichen Ausdrucksfähigkeiten dienen (vgl. Boal 1989, 46).

Bei der Aufführung einer Modellszene erläutert zunächst der *Curinga*[25] die Spielregeln des Forumtheaters und leitet einfache Aufwärmübungen an, die das Publikum für das szenische Handeln vorbereiten und aktivieren sollen (vgl. Boal 1998, 335). Danach wird das eingeprobte Theaterstück, das ca. 10 bis 20 Min dauert, inszeniert. Im Anschluss eröffnet der Curinga das Forum und animiert die ZuschauerInnen, in das Spiel einzugreifen und für das dargestellte Problem eine mögliche Lösung aufzuzeigen. Während die Szene ein zweites Mal präsentiert wird, kann eine ZuschauspielerIn "Stop" rufen und die unterdrückte Person ersetzen. Die Szene wird weitergespielt, dabei präsentieren die SpielerInnen "die 'Welt so wie sie ist', und tun alles damit sie so bleibt – während der eingestiegene Zuschauer versucht,

---

[23] Die ästhetische Ausgestaltung des Stücks und der Charaktere mit Kostümen und besonderen Gegenständen wirkt auf das Publikum anregend, so dass die Beteiligung möglicherweise größer ist (vgl. Boal 1998, 334).

[24] Boal betont, dass der Konflikt nicht in eine unausweichliche Katastrophe führen darf, sondern offen bleiben muss, ob die Niederlage des Protagonisten durch andere Verhaltensweisen abgewendet werden kann (vgl. Boal 1998, 320f).

[25] Der Curinga (=Joker) übernimmt als Spielleiter die Aufgabe, eine Verbindung zwischen den SpielerInnen und dem Publikum zu schaffen. Diese Rolle kann jedes Mitglied der Theatergruppe übernehmen (vgl. Boal 1980, 132f).

sie in eine 'Welt, wie sie sein könnte' zu verändern" (Gipser 1986, 3). Im Spiel können auch die Unterdrücker ersetzt werden, sie müssen allerdings weiter ihre Macht ausüben, da es unrealistisch ist, dass jemand in einer solchen Position qua Einsicht seine Macht aufgibt[26].

Der Curinga beendet die Intervention, wenn eine Lösung gefunden worden ist oder sich keine Weiterentwicklung im Spiel abzeichnet. In der anschließenden Bewertung der Intervention durch das Publikum leitet der Curinga die Diskussion. Dabei darf er keine persönlichen Interpretationen vorgeben und muss jedes Verhalten vermeiden, das das Publikum manipuliert. Die genannten Argumente fasst der Curinga zusammen und gibt mögliche Zweifel ins Publikum zurück, das hinsichtlich des Erfolgs der Interventionen entscheidet (vgl. Boal 1998, 330). Der Curinga muss den Spielverlauf aufmerksam verfolgen und magische Lösungen aufdecken. Magische Lösungen treten dann auf, wenn die ZuschauspielerIn die sozialen Bedingungen eines Problems oder die Beweggründe und Eigenschaften einer Figur und damit die Situation unzulässig verändert (vgl. Boal 1998, 338). Auch sollte der Curinga deutlich auf die unterschiedliche Ausgangsposition hinweisen, wenn der Protagonist von einem Zuschauspieler ersetzt wird, der nicht Opfer derselben Unterdrückung ist, z.B. wenn ein Mann in die Rolle einer unterdrückten Frau einwechselt.

Der Erfolg einer Forumtheateraufführung, so Boal, misst sich nicht an einer guten Lösung, sondern an einer guten Debatte, an der sich alle Anwesenden beteiligen. Die Diskussion, Ideenkonflikte, Widersprüche und Argumente bereichern die ZuschauspielerInnen und bereiten auf das Handeln im wirklichen Leben vor (vgl. Boal 1998, 326f). Das Spielen im *ästhetischen Raum,* so Boal, initiiert einen Prozess der Selbsterkenntnis und Erforschung der eigenen Möglichkeiten und Fähigkeiten. Im Forumtheater ergibt sich dieser Transformationsprozess dadurch, dass die unterdrückten BürgerInnen zum Einen ein Theaterstück entwickeln, in dem sie selbst als SchauspielerInnen auftreten, zum Anderen als ZuschauspielerInnen in das Spiel eingreifen (vgl. Boal 1996, 96). Selbst wenn eine ZuschausspielerIn sich nicht offensichtlich beteiligt, so ist diese Entscheidung, nichts zu sagen, bereits eine Form der Teilnahme (vgl. Boal 1998, 344).

[26] Durch das Spielen der Unterdrückerfigur können die Formen der Unterdrückung erfahren und neue Visionen der Repression aufgedeckt werden (vgl. Boal 1989, 84).

1.1.3 Beurteilung des Forumtheaters in der Bildungsarbeit

Die Arbeit mit dem Forumtheater bietet, so Gipser, Möglichkeiten zur biographischen Selbstreflexion und fördert somit einen emanzipatorischen Lernprozess (vgl. Gipser 1996; ders. 1999). In Deutschland wird das Forumtheater v.a. in der Bildungsarbeit wie Schule, Erwachsenenbildung, Hochschulausbildung und Fremdsprachenunterricht eingesetzt. Aus dieser Praxis wird von folgenden positiven Erfahrungen berichtet (vgl. Gipser 1996; Gipser 1999; Neuroth 1994; Wiegand 1998):

- Mut zur Selbstdarstellung und Förderung der rhetorischen und körperlichen Ausdrucksfähigkeit.
- Verbesserung der Selbst- und Fremdwahrnehmung, Erkenntnisse über das eigene Unterdrücker- bzw. Opferverhalten.
- Stärkung der Ich-Identität und Selbstbehauptung durch Fähigkeit zur Rollendistanz, Empathie und Ambiguitätstoleranz.
- Erwerb von Sozialtechniken, die es ermöglichen, Konflikte zielgerichteter und offensiver zu gestalten.
- Denken in gesellschaftlichen Zusammenhängen, Erkennen von Widersprüchen und Mut zur Umgestaltung.

Neben diesen positiven Erfahrungen aus der Praxis mit dem Forumtheater werden auch folgende kritische Punkte genannt:

- Es besteht die Gefahr, "eigene klischeehafte Vorstellungen der Realität darzustellen, ohne sie zu reflektieren" (Gipser 1986, 4). Die Szenen werden in ein "Schwarz-Weiß-Schema" gepresst; während die Unterdrückerfiguren mit zahlreichen Zeichen der Macht ausgestattet sind, wird die Gegenfigur schwach dargestellt (vgl. Frey 1989, 60).
- Die SpielerInnen haben für die Interventionen trainiert und sind gegenüber den ZuschauspielerInnen im Vorteil. Dies könnte den authentischen Dialog zwischen SpielerInnen und ZuschausspielerInnen hemmen (vgl. Wiegand 1998, 35).
- Die stilisierte Vorlage kann niemals mit der Realität identisch sein. Aufgrund dieser Diskrepanz zwischen Realität und Fiktion haben auch die Vorschläge

aus dem Publikum häufig einen theatralischen statt realitätsgetreuen Charakter (vgl. Thorau 1982, 200).

- Bei Forumtheateraufführungen besteht die Gefahr, dass die ZuschauspielerInnen durch die Führung des Curingas beeinflusst werden (vgl. Herzog 1997, 42f).

Die Praxiserfahrungen der Bildungsarbeit zeigen, dass die Arbeit mit dem Theater der Unterdrückten die konstruktive Auseinandersetzung mit der eigenen Persönlichkeit und Rollenverhalten sowie gesellschaftlichen Problemen fördert. Gleichzeitig wird aber auch deutlich, dass diese Arbeit von einer kritischen Reflexion begleitet sein sollte, damit sie ihrem dialogischen Anspruch gerecht werden kann.

1.2 Soziale Verhältnisse in Brasilien

Im Jahr 2000 wird in Brasilien der 500. Jahrestag der "Entdeckung" des Landes durch die portugiesische Krone gefeiert. Anlässlich der Feierlichkeiten weisen die Medien und Staatspräsident Fernando Henrique Cardoso auf die wirtschaftliche Stärke und positiven Zukunftsperspektiven des Landes hin. Dabei nimmt Brasilien im Hinblick auf die gesellschaftlichen Ungerechtigkeiten und sozialen Unterschiede eine Führungsrolle in der Welt ein. Auf der Strasse häufen sich die Protestmärsche gegen die neoliberale Regierungspolitik, die den Ausschluss großer Bevölkerungsteile vom wirtschaftlichen Wachstum und von den Grundrechten bewirkt.

Die Folgen der Kolonialisierung und Sklaverei in Brasilien sind noch heute u.a. in der Land- und Besitzverteilung sowie Rassendiskriminierung deutlich sichtbar. Immer wieder ist das Land von autoritären Staatsregierungen geführt worden, wobei während der Militärdiktatur von 1964 bis 1986 einer ganzen Generation die öffentliche kritische Auseinandersetzung mit Politik verwehrt worden ist. Seit 1989 finden zwar wieder freie Wahlen[27] statt, aber dennoch sind die Grundrechte und eine politische Partizipation vieler BürgerInnen nicht gewährleistet. "Der Autoritarismus ist in Brasilien nicht nur an die Regierungsform geknüpft, sondern ist tief verwurzelt in der Struktur der brasilianischen Gesellschaft. Diese ist von Grund auf autoritär.(...) In ihr verwirklichen sich die sozialen und zwischenmenschlichen Beziehungen immer als Verhältnis zwischen einem Übergeordneten, der befiehlt, und einem Untergeordneten, der gehorcht" (Chauí 1995, 190). Dieses autoritäre Potential und die Ungleichheit in der brasilianischen Gesellschaft soll im Folgenden am Beispiel des öffentlichen Schulsystems und der Gewalt in der Polizei aufgezeigt werden.

Zum öffentlichen Schulwesen:

Erst 1971 ist die gesetzliche Schulpflicht in Brasilien von vier auf acht Jahre erhöht worden. An die acht Regelschuljahre der Primarstufe schließt sich die dreijährige Sekundarstufe mit berufsqualifizierender Orientierung an. Neben den öffentlichen

[27] Wahlkämpfe und Politik haben in Brasilien in der Regel einen demagogischen Charakter. Begünstigt wird dieses Verhalten der Politiker durch ein verklärtes Herrschaftsverständnis großer Bevölkerungsteile, die die Macht und Verantwortung an die Regierenden delegieren (vgl. Chauí 1995, 194).

gibt es im Bereich der Sekundarstufe viele private Schulen, an denen bis zu 600 Reais[28] Schulgebühren gezahlt werden.

Wer es sich leisten kann schickt sein Kind auf eine gute Privatschule, da das öffentliche Schulsystem zwar unentgeltlich ist, aber ein qualitativ niedriges Niveau aufweist. Für die Absolventen der Privatschulen ist der heiß umkämpfte Studienplatz an den öffentlichen und meist sehr guten Hochschulen relativ sicher[29]. Um die umfangreiche Aufnahmeprüfung (*vestibular*) an den Universitäten zu bestehen, belegen die meisten Abgänger einer öffentlichen Schule zusätzlich einen kommerziellen Vorbereitungskurs (pré-vestibular), der ab 200 Reais monatlich kostet.

Laut des Geographisch-statistischen Instituts Brasiliens besuchen 1996 insgesamt 2,7 Mio. Kinder im schulpflichtigen Alter keine Schule, nur 45% der SchülerInnen erreichen die 8. Klasse (Stadt 30,5%/ Land 62,5%) und 20% der über 15jährigen sind vollkommene Analphabeten (vgl. Institut für Brasilienkunde 1998). Besonders im ländlichen Raum und in der Peripherie der Großstadt fehlt es an einem ausreichendem Schulangebot.

Ein gravierendes Problem im brasilianischen Schulwesen ist die hohe Quote an Wiederholungen und Schulabbrechern. Neben mangelhaften infrastrukturellen Bedingungen in den Schulen sind die Gründe dafür auch familiär bedingt, da häufig die SchülerInnen zum Unterhalt der Familie beitragen müssen. "Die Freisetzung des Kindes von der Arbeit nach einer Pädagogik *vom Kinde aus* ist nach der Auffassung der Eltern in den unteren Schichten nicht nur realitätsfern, sondern auch bedrohlich" (Schrader 1998, 392).

Ebenso schlecht wie die Rahmenbedingungen fällt auch die Unterrichtsqualität aus. In vielen Schulen herrscht ein autoritärer Unterrichtsstil, allgemein dominiert der Frontalunterricht, den SchülerInnen bieten sich kaum Angebote der selbstständigen und kritischen Auseinandersetzung mit den Unterrichtsthemen. Gefordert ist eine möglichst exakte Reproduktion von Wissen, dementsprechend verkümmert das kreative Potential der SchülerInnen. Die Unterrichtsinhalte konzentrieren sich auf das Leben der Mittelschicht und haben mit der Lebensrealität der meisten SchülerInnen wenig zu tun (vgl. Zimmer 1993, 30f).

---

[28] Der staatlich festgesetzte Mindestlohn liegt im Oktober 1999 bei 136 Reais im Monat.

[29] An den privaten Hochschulen in Rio de Janeiro liegen die monatlichen Studiengebühren bei etwa 560 Reais (vgl. Institut für Brasilienkunde 1998, 11).

Der brasilianische Volkspädagoge Paulo Freire weist in seiner Kritik an der Schule insbesondere auf ihren realitätsfernen und domestizierenden Charakter hin (vgl. Kap. 2.2). Im brasilianischen Schulsystem ist die schichtenspezifische Selektion unübersehbar, Taubers Urteil dazu: "In keinem anderen Bereich ist die lähmend eigennützige Politik der Oligarchie so offenkundig wie im Schulwesen" (Tauber 1991, 368).

Zur Gewalt in der Polizei:

Chauí schreibt über den Mythos der Gewaltfreiheit der brasilianischen Gesellschaft: "Wir haben ein Bild von uns selbst, in dem wir als ein ordnungsliebendes, friedliches, fröhliches und aufgeschlossenes Volk erscheinen, das aufgrund seiner Mestizisierung zu ethnischen, religiösen oder sozialen Diskriminierung unfähig ist" (Chauí 1995, 188). Insbesondere in Rio de Janeiro zeigt sich dagegen ein Bild vom brutalem Terror. 1993 sind in der Favela[30] Vigario Geral in einer Nacht 21 BewohnerInnen von der Militärpolizei erschossen worden. Im Juli desselben Jahres sind acht obdachlose Jugendliche an der Candelaria-Kirche im Bankviertel der Stadt von sechs Militärpolizisten ermordet worden. In dem über Jahre dauernden Prozess, sind schließlich nur drei Täter zu hohen Haftstrafen verurteilt worden (vgl. NZZ, 27/8/ 1998).

Der Staat gewährleistet in Brasilien keinen effektiven Rechtsschutz, niemand kann sich darauf verlassen, das Polizei und Justiz ihn schützen. Es gibt keinen rechtlich festgesetzten ZeugInnenschutz in Brasilien. Das erschwert die Verbrechensaufklärung, denn viele ZeugInnen machen aus berechtigter Angst vor Racheakten und Verfolgungen keine Aussage (vgl. Madlener 1995, 300). Das Faustrecht besteht auf allen Ebenen der Gesellschaft. Die Polizei übt mit der Billigung eines Teils der öffentlichen Meinung eine Rechtsprechung aus, ohne die Justiz in Anspruch zu nehmen (vgl. Madlener 1995, 300f). Folterungen und Misshandlungen sind gängige Mittel zur Erpressung eines Geständnisses.

Betrachtet man genauer, welche Art von Verbrechen die Polizei bekämpft, zeigt sich, dass es v.a. Verstöße gegen das Eigentumsrecht sind (Diebstahl, Raub, Raubmord). Da die Täter häufig arm sind, wird "der Arme" als Verbrecher stigmatisiert. So werden gewalttätige Einsätze gegen die marginalisierte Bevölkerung (Schwarze,

[30] Favelas sind marginalisierte Stadtteile, d.h. sie sind infrastrukturell schlecht ausgestattet, liegen in der Stadtperipherie und werden als minderwertig eingeschätzt.

Obdachlose, FavelabewohnerInnen) als Schutzaktion vor "den Verbrechern" legitimiert (vgl. Chauí 1995, 189). Die Korruption, Waffen- und Drogengeschäfte einflussreicher Personen aus Politik und Wirtschaft, bei denen es häufig um viel größere Summen geht, bleiben ungeahndet.

Gewalt ist in den Favelas, besonders in Rio, eine alltägliche Erscheinung. Die BewohnerInnen leben in einem offenen Krieg, der von Drogenbanden[31] aus den Favelas untereinander und mit der Polizei geführt wird (vgl. CDDH Bento Rubião 1993, 60f). Sie haben sowohl unter der Gewalt der Polizei, die jeden "Favelado"[32] als potentiellen Banditen betrachtet und deren Häuser stürmt, als auch unter den Banditen selbst zu leiden. Aus Angst vor der Gewalt hat sich ein "Gesetz des Schweigens" entwickelt (vgl. CDDH Bento Rubião 1993, 64f).

Anhand der beschriebenen Beispiele wird deutlich, dass die Struktur der brasilianischen Gesellschaft auf Privilegien und Mangel sowie auf Macht und Gewalt basiert. Demokratische Strukturen setzten sich nur schwer durch, da das Erleben von Unsicherheit und ein verklärtes Herrschaftsverständnis den Wunsch nach einem starken Staat und der Rettung der Nation fördern (vgl. Chauí 1995, 194). Davon ist auch die Arbeit mit dem Theater der Unterdrückten betroffen.

Eine positive Entwicklung zeigen dagegen die vielen Formen der Selbstorganisation in der Bevölkerung. Zahlreiche Initiativen und Nichtregierungsorganisationen engagieren sich v.a. im ländlichen Raum und den Randbereichen der Großstädte in Kultur-, Bildungs- und Gesundheitsprojekten, um das aufzufangen, was der Staat nicht leistet. Unter dem Motto und der Forderung der *cidadania* (Bürgerrecht) setzen sie sich für den Demokratisierungsprozess in der Gesellschaft ein. Zu den Jubiläumsfeiern in diesem Jahr veranstalten diese sozialen Bewegungen eine Gegenkampagne und machen auf die anderen 500 Jahre Geschichte der Unterdrückung aufmerksam.

---

[31] Die sogenannten Banditen sind häufig nur die "kleinen Leute" und Endverbraucher der großen Drogengeschäfte (vgl. CDDH Bento Rubião 1993, 55).

[32] So werden die BewohnerInnen einer Favela diskriminierender Weise genannt.

1.3 Das Legislative Theater

1.3.1 Zur Mandatszeit Boals

Im Jahr 1992 hat das CTO-Rio die Kampagne der brasilianischen Arbeiterpartei PT[33] für die Wahl von Abgeordneten des Stadtparlaments von Rio de Janeiro unterstützt. Der Vorschlag der PT an das Theaterzentrum, einen Kandidaten für das Amt des *Vereadors* aufzustellen, hat zur Entscheidung der Kandidatur Boals geführt[34] (vgl. Boal 1996, 37f). Nach seiner Wahl hat er, in der von 1993 bis 1996 andauernden Amtszeit, mit dem Einsatz des Legislativen Theaters die Möglichkeiten des Theaters der Unterdrückten erweitert: Neben der Entwicklung von Handlungsmodellen für die Zukunft bietet das Legislative Theater die konkrete Möglichkeit, Gesetze zu schaffen und zu verändern (vgl. Boal 1997, 41).

Im Forumtheater, so Boal, wird der Zuschauer zum Protagonisten; im Legislativen Theater wird der Bürger zum Gesetzgeber (vgl. Boal 1996, 34). Das Ziel, das Boal als Vereador verfolgt, ist die Schaffung einer transitiven[35], direkten Demokratie, d.h. den Wählenden soll die Möglichkeit gegeben werden, sich direkt an politischen Diskussionen zu beteiligen und gleichzeitig Verantwortung für die Politik im Parlament zu übernehmen. Der Weg dazu erfolgt über das Theater, aber nicht durch das abgenutzte politische Theater[36], sondern die Absicht ist es, *mittels Theater Politik zu machen* (vgl. Boal 1996, 42f).

Zur Struktur des boalschen Mandats:

Boal ist im Stadtparlament Mitglied der oppositionellen PT Fraktion gewesen, sein *Kabinett* (MitarbeiterInnenstab) hat sich aus 25 Personen zusammengesetzt, neben 17

---

[33] Die PT ist aus der Gewerkschaftsbewegung des Südens und Südosten Brasiliens hervorgegangen und Ende der 70er Jahre zugelassen worden. Sie ist eine basisdemokratische Partei aus dem linken Spektrum. Der ehem. Metallarbeiter und Gewerkschaftsführer Luiz Ignácio Lula da Silva ist ihr wichtigster Vertreter (vgl. Fleischer 1996, 9).

[34] Boal ist diese Kandidatur aus pragmatischen Gründen eingegangen, da das CTO-Rio sich davon eine Verbesserung seiner Arbeitsbedingungen und professionelle Sicherheit versprochen hat.

[35] Boal verwendet den Begriff transitiv im Sinne von Freires wechselseitigem Lernprozess zwischen Lehrer und Schüler (vgl. Boal 1996, 45).

[36] Die Abwertung des herkömmlichen politischen Theaters ist aus Boals Erfahrung mit dem Agitproptheater der 60er Jahre entstanden: "Agitprop (...)kann ein sehr wirksames Instrument in der politischen Auseinandersetzung sein. Der Fehler lag in der Art, wie wir dieses Theater benutzten.(...)Für uns weiße Männer aus der Großstadt gab es sehr wenig, was wir den schwarzen Landfrauen beibringen konnten" (Boal 1999, 17).

Curingas des CTO-Rio haben außerdem noch Rechtsexperten dazugehört[37]. Die Mitarbeit teilte sich in das *externe* und *interne* Kabinett.

Das *externe* Kabinett hat alle Aktivitäten außerhalb des Stadtparlaments übernommen. Es koordinierte den Aufbau von Theatergruppen und die Entwicklung von Forumtheaterstücken. Außerdem hat es einzelne Aufführungen, Theaterfestivals und die Ausbildung von MultiplikatorInnen zur Anwendung des Theaters der Unterdrückten organisiert[38] (vgl. Boal 1996, 65).

Das *interne* Kabinett ist verantwortlich gewesen für die Klärung und Beratung rechtlicher Fragen, Formulierung von Gesetzesprojekten und Öffentlichkeitsarbeit.

Zu den Aufgaben beider Bereiche des Kabinetts gehört die Protokollierung aller Aktivitäten des Legislativen Theaters, an denen die Basisgruppen beteiligt gewesen sind.

Die *Basisgruppen* haben sich aus losen Interessensgruppen (*ELO*) und festen Theatergruppen (*Núcleo*) zusammengesetzt. Die *ELO* sind Gruppen von Personen, die der selben Gemeinde oder dem selben Arbeitskreis angehören. Sie stehen in Kontakt mit den Kabinettsmitgliedern, um ihre Meinungen, Wünsche und Bedürfnisse zum Ausdruck zu bringen. Der Austausch kann bei den Aktivitäten und Veranstaltungen des Kabinetts stattfinden (vgl. Boal 1996, 66).

Die *Núcleos* sind Theatergruppen, mit denen die Curingas des CTO zusammenarbeiten. Im letzten Jahr der Amtszeit haben 19 Gruppen mit jeweils 10 bis 15 TeilnehmerInnen existiert. Das CTO-Rio unterscheidet zwischen drei verschiedenen Gruppen: Kommunale Nucleos, die aus einer Wohngegend oder Institution stammen, Thematische Nucleos, sowie einer Mischform aus beiden. Die Mehrheit ihrer Mitglieder kommt aus benachteiligten Bevölkerungsgruppen, einige Gruppen setzen sich aber auch aus Akademikern zusammen.

Die Bearbeitung, der bei Veranstaltungen zum Forumtheater oder mobilen Stadtparlament (siehe unten) gesammelten Ergebnisse und Protokolle, hat in den sogenannten *Stoffwechselgruppen*, die, laut Boal, für alle InteressentInnen zugänglich gewesen sind, stattgefunden. Anwesend sind dabei die MitarbeiterInnen aus dem externen wie internen Kabinett. Das Ziel der Arbeit ist die Auswertung der Vorschläge aus der Bevölkerung und deren Umwandlung in Gesetzesprojekte (vgl. Boal 1996, 124f).

---

[37] Boal berichtet noch von 26 weiteren Mitgliedern, die an einem nicht genauer eingegrenzten Teil der Mandatszeit beteiligt gewesen sind (vgl. Boal 1996, 5).

Der Theaterweg:

Die Theatergruppen erarbeiten unter Anleitung eines bzw. zweier Curingas ein Forumtheaterstück, in dem sie ihre Alltagsprobleme[39] darstellen. Zur Themenfindung und Stückentwicklung werden die verschiedenen Techniken des Theaters der Unterdrückten eingesetzt. Die Aufführung der Forumtheaterstücke dient der Entwicklung von Gesetzesvorschlägen, die das Publikum über die szenischen Interventionen zu dem Thema einbringt. Die Curingas schreiben ein zusammenfassendes Protokoll der Aufführung, in dem alle gespielten oder verbal eingebrachten Vorschläge notiert werden. Dieses Protokoll dient den Stoffwechselgruppen als Grundlage der Analyse und Formulierung von Gesetzesvorlagen (vgl. Boal 1996, 70ff u. 117ff).

Die Forumtheaterstücke werden vor Zielgruppen, die von der Thematik betroffen sind, den anderen Theatergruppen, auf Kulturfestivals oder Theaterfestivals, die das CTO organisiert, aufgeführt. Ziel ist es, eine möglichst breite Öffentlichkeit zu erreichen und viele verschiedene Bevölkerungsgruppen anzusprechen.

Für besonders bedeutsam hält Boal den Austausch zwischen den Theatergruppen, um Solidaritätsnetze aufzubauen. Im Rahmen sogenannter *Núcleo-Dialoge* oder auf Theaterfestivals des CTO setzen sich die Gruppen mit den Problemen und Themen anderer Bevölkerungsschichten auseinander (vgl. Boal 1996, 118).

Der Kabinettsweg:

Dem Kabinettsweg ordnet Boal zwei Aktionen zu, die er als parlamentarische Techniken bezeichnet: das *mobile Stadtparlament*[40] und die *Meinungsumfragen*[41] (vgl. Boal 1996, 119).

Beim *mobilen Stadtparlament* wird eine Parlamentssitzung an öffentlichen Orten (Straßenplätzen, Schulen, Gemeindesälen) simuliert. Die Absicht ist es, die Diskussionen aus dem Parlament und dem Kabinett in die Öffentlichkeit zu bringen, um die Bevölkerung nach ihrer Meinung zu befragen. Die Themen sind v.a.

---

[38] Die Teilnahme an der Theaterarbeit und den Aufführungen ist kostenlos.

[39] Die Themen der Gruppen waren u.a.: Bildung, Sicherheit, Gesundheit, Homosexualität, Rassendiskriminierung, Arbeits- und Wohnbedingungen.

[40] Bezeichnung im Original: *Câmera na praça*. Wörtlich übersetzt: "Ratssitzung auf der Strasse". Balby übersetzt den Titel mit "mobiles Stadtparlament" (vgl. Balby 1997, 92).

[41] Bezeichnung im Original: *Mala direta interativa*. Wörtlich übersetzt: "Direkter interaktiver Koffer".

Gesetzesprojekte von anderen Abgeordneten[42] und teilweise auch die des boalschen Kabinetts. Die öffentliche Sitzung wird von einem Moderator geleitet, der in das Thema einführt. Zur Klärung von juristischen Fragen, die in der Diskussion auftauchen, ist ein Rechtsexperte anwesend. Auch von diesen Veranstaltungen werden Protokolle angefertigt, die die Stoffwechselgruppe auswertet (vgl. Boal 1996, 120ff).

Die *Meinungsumfragen* zu den Gesetzesprojekten und Themen aus dem Parlament sind auf brieflichem Weg durchgeführt worden. Angeschrieben worden sind, die am jeweiligen Thema Interessierten: einzelne BürgerInnen, die sich bei den öffentlichen Veranstaltungen des Kabinetts in den Verteiler eingeschrieben haben, Mitglieder der PT und CTO Nahestehende sowie verschiedene Nichtregierungsorganisationen. Diese Aktion hat, so Boal, viel Interesse und Zuspruch gefunden, oft sind diese Vorschläge dann wieder von den Organisationen im öffentlichen Rahmen behandelt worden (vgl. Boal 1996, 124).

Die bei den beiden *parlamentarischen Techniken* gesammelten Argumentationen, bilden die Grundlage für ein Meinungsbild zum jeweiligen Thema, das durch Boal im Parlament vorgetragen und vertreten worden ist.

Zu den Ergebnissen des Legislativen Theaters:

In der Mandatszeit Boals sind 50 Gesetzes- und Novellierungsvorschläge, die im wesentlichen aus der Basisarbeit mit dem Legislativen Theater hervorgegangen sind, im Stadtparlament vorgestellt worden. 13 Gesetze sind davon verabschiedet worden (vgl. Boal 1996, 134ff). Das erste verabschiedete Projekt, ist ein Gesetz gewesen, das die städtischen Krankenhäuser dazu verpflichtet, einen geriatrischen Dienst einzurichten (vgl. Boal 1996, 125f).

Die Theatergruppe, bestehend aus SeniorInnen, hat den parlamentarischen Weg der Gesetzesvorlage bis zu seiner endgültigen Verabschiedung begleitet. Besonders wichtig, so die Curingas, ist die Anwesenheit bei der Abstimmung im Stadtparlament gewesen, um mit der Präsenz der Bevölkerung Druck auf die Abgeordneten auszuüben.

[42] Diskutiert worden ist z.B. ein Gesetzesvorschlag des Präfekten, die städtische Polizei zu bewaffnen. Die Anwesenden, unter denen auch einige Polizisten waren, sprachen sich gegen den Vorschlag aus, um Konflikte mit den weit aus besser bewaffneten Kriminellen zu vermeiden (vgl. Boal 1996, 122).

Das wichtigste Gesetz, so Boal, dass während seiner Amtszeit verabschiedet worden ist, ist ein Gesetz zum ZeugInnen-Schutz bei der Verbrechensbekämpfung. Dieser Gesetzesentwurf ist von einer Arbeitsgruppe, bestehend aus Politikern, Vertretern der Polizei und der *Kommission für Menschenrechte*, dessen Vorsitz Boal von 1995 bis 1996 geführt hat, entwickelt worden und dient nun zur Vorlage eines nationalen Gesetzes (vgl. Balby 1997, 87).

Zur Bewertung der Mandatszeit Boals:

Sowohl Boal als auch die Curingas bemerken, dass die Kommunikation zwischen Partei und Kabinett zuweilen schwierig gewesen ist, da der Arbeitsweise Boals anfänglich mit Skepsis begegnet wurde. Anhand der Veranstaltungen und Ergebnisse sei aber bald die Bedeutung des Legislativen Theaters und die Möglichkeit, die Bevölkerung mit ihrem Themen zu erreichen, erkannt worden.

Luís Vaz, ehemaliger Mitarbeiter des CTO während der Mandatszeit, kritisiert in einem Interview, dass sich die Arbeit mit den Basisgruppen stark auf die Entwicklung von Gesetzesprojekten ausgerichtet und die Gruppen in ihrer Themenwahl eingeschränkt habe. Das Problem in Brasilien sei aber nicht das Fehlen von Grundrechten der BürgerInnen, sondern deren tatsächliche Umsetzung (vgl. Interview mit Vaz vom 27.09.1999). Die Curingas des heutigen CTO-Rio machen hingegen deutlich, dass das Ziel des Legislativen Theaters nicht nur die Entwicklung von Gesetzen, sondern auch die Verbreitung bereits bestehender Gesetze ist. Viele BürgerInnen kennen ihre Rechte nicht; über das Forumtheater sollen sie sich ihrer aktiven Bürgerschaft bewusst werden. Boal und das CTO-Rio schätzen den Erfolg und die Ergebnisse ihrer Arbeit in Hinblick auf diese beiden Ziele des Legislativen Theaters positiv ein.

1.3.2 Zum Legislativen Theater "sem Vereador"[43]

Die Enttäuschung unter den MitarbeiterInnen des boalschen Kabinetts ist groß gewesen, als Boal für die folgende Amtsperiode als Vereador nicht wiedergewählt worden ist. Die Gründe dafür sind vielfältig, so hat die PT insgesamt weniger

[43]Informationsquellen für diesen Punkt sind: Interviews mit Boal, den Curingas des CTO-Rio sowie unveröffentlichte schriftl. Dokumentationsmaterialen des CTO (vgl. CTO-Rio 1998a; ders. 1998b; ders. 1999a sowie Kastner/ Kempchen/ Baumann 1999).

Stimmen gewinnen können als bei der vorherigen Wahl. Das CTO-Rio führt diese Niederlage Boals v.a. auf die unzureichende Öffentlichkeitsarbeit während der Mandatszeit zurück[44].

Seit Mai 1998 verwirklicht das CTO-Rio mit finanzieller Unterstützung der Fordstiftung ein neues Projekt des *Legislativen Theaters sem Vereador*[45], um das politisch-theatralische Experiment fortzusetzen. Die Ziele der Arbeit sind die gleichen geblieben, die Bedingungen haben sich jedoch aufgrund fehlender finanzieller Mittel verschlechtert. Auf viele Vorteile, die sich durch die Abgeordnetenstellung ergeben haben, muss verzichtet werden.

Das CTO-Rio besteht heute aus 10 MitarbeiterInnen, darunter Boal, der die Leitung des Theaterzentrums trägt, und fünf Curingas, die für den Aufbau und die künstlerische Anleitung von Theatergruppen verantwortlich sind[46]. Innerhalb des von der Fordstiftung gesponserten Projektes wird mit sieben Theatergruppen gearbeitet, von denen drei thematische Gruppen und vier kommunale Gruppen sind, deren Mitglieder aus einer *Comunidade*[47] stammen. Die Themen, zu denen gearbeitet wird, sind: Schwangerschaft in der Jugend, Gewalt gegenüber Frauen, Benachteiligung im Bildungswesen, Wohn- und Arbeitsrechte, Aids und Homosexualität sowie die Budgetierung der Stadthaushaltsgelder (vgl. Baumann, Kastner, Kempchen 1999).
Diese Theatergruppen sind alle nach der Mandatszeit entstanden, drei der sieben Gruppen bestehen seit Mitte des Jahres 1998 und die anderen vier Gruppen seit Anfang 1999. Auf Initiative des CTO, das Kontakt zu verschiedenen Cumunidades, Organisationen und Institutionen aufgenommen hat, ist der Aufbau der Theatergruppen erfolgt. In einem demonstrativen Workshop des CTOs soll zunächst das Interesse der TeilnehmerInnen an der Theaterarbeit erkundet werden. Bei den möglicherweise anschließenden Treffen ergibt sich dann, ob tatsächlich eine

---

[44] Zum Einen hat das Kabinett es bei öffentlichen Veranstaltungen nicht auf "Stimmenfang" der Wählenden abgesehen, zum Anderen beeinflussen die Zielgruppen, mit denen gearbeitet worden ist, kaum die öffentliche Meinung. Zudem haben die Medien gegen Boal während der Mandatszeit eine Diffamierungskampagne durchgeführt, die sein Bild in der Öffentlichkeit negativ beeinflusst hat.

[45] "Legislatives Theater ohne Abgeordneten"

[46] Neben dem aus privaten Mitteln unterstützten Projekt des Legislativen Theaters bietet das CTO Workshops, Kurse und Vorträge zu Theorie und praktischen Anwendung des Theaters der Unterdrückten an.

[47] Comunidades sind kleine Einheiten von BewohnerInnen unterprivilegierter Stadtteile.

Theatergruppe zustande kommt. Der Aufbau einer Gruppe ist seitens des CTO an folgende Kriterien geknüpft (vgl. CTO-Rio 1998a; ders. 1998b; ders. 1999):

- Verbindung zu einer Organisation beispielsweise in der Comunidade, die die Gruppe unterstützt.
- Räumlichkeiten für die Proben
- Sichere Umgebung
- Teile der Gruppenmitglieder sollten bereits organisiert sein und Erfahrungen mit kollektiver Arbeit haben.
- Kontinuität in der Gruppenarbeit und Anzahl der Mitglieder.
- Verständnis und Übereinstimmung hinsichtlich Idee und Ziele des Legislativen Theaters.
- Ein gemeinsames Thema der Gruppe, mit dem sich auch das CTO identifizieren kann.

Nach dem Prozess der Gruppenbildung und Themenfindung wird unter der Anleitung eines bzw. zweier Curingas ein Forumtheaterstück erarbeitet (vgl. Kap. 3.2). Die ersten internen Aufführungen finden auf sogenannten *Dialog-Treffen* vor den TeilnehmerInnen der anderen Theatergruppen des CTO statt. Anschließend präsentieren die Gruppen ihr Forumtheater in der eigenen Comunidade und vor Zielgruppen, der im Stück behandelten Problematik. Bisher hat das CTO vier Theaterfestivals[48] organisiert, bei denen mehrere Gruppen im öffentlichen Rahmen auftreten. Bei allen Aufführungen der Theatergruppen, die generell kostenlos sind, können neben den szenischen Interventionen auch schriftliche Gesetzesvorschläge zu dem dargestellten Problem vom Publikum eingereicht werden. Diese werden in einer *Stoffwechselgruppe*, zu denen Boal, die fünf Curingas und Rechtsexperten gehören, ausgewertet und in Gesetzesvorlagen umgesetzt. Ende Oktober 1999 sind diese Vorlagen über das *Forum Popular de Orçamento*[49] und die zuständigen Kommissionen des Stadtparlaments eingereicht worden.

Boal und die Curingas schätzen die Chancen zur Verwirklichung der Gesetzesprojekte im Stadtparlament unterschiedlich ein: Einerseits sei es schwieriger als zur Mandatszeit Boals, da die Projekte und Interessen von keiner Person direkt

[48] Drei Festivals haben auf einem öffentlichen Platz stattgefunden und eines im Theater.

[49] Das *Forum Popular do Orçamento* ist ein Zusammenschluss verschiedener Nichtregierungsorganisationen, die sich für eine institutionalisierte Mitbestimmung der Bevölkerung bei politischen Entscheidungen und Diskussionen einsetzen.

vertreten werden. Andererseits könne es gerade deshalb leichter sein, da die Projekte nicht an den Namen eines Abgeordneten gebunden wären. Die Konkurrenz unter den Abgeordneten, so Boal, hinsichtlich solchen Engagements sei sehr hoch.

Probleme in der Arbeit mit den Theatergruppen:

In Bezug auf die Theaterarbeit in den Gruppen während der Mandatszeit und des derzeitigen Projektes berichten die Curingas von folgenden Problemen, die u.a. zur Aufgabe der Arbeit geführt haben (vgl. CTO-Rio 1993/ 1994; ders. 1998a; ders. 1998b):

Problematische Arbeitsbedingungen:

- Keine Unterstützung von lokalen Organisationen
- Fehlende Räumlichkeiten
- Finanzielle Probleme der Gruppenmitglieder
- Unsichere Gegend (bewaffnete Konflikte)
- Zeitliche Organisation und Einschränkung der Gruppenmitglieder

Inhaltliche Probleme:

- Kein gemeinsames Interesse oder Thema vorhanden
- Missverständnisse hinsichtlich der Ziele des Legislativen Theaters
- Desinteresse an der Theaterarbeit
- Thema für die Entwicklung von Gesetzesvorschlägen nicht geeignet

Beziehungs- und Kommunikationsprobleme:

- Die Gruppenmitglieder haben sich zuvor nicht gekannt
- Es hat sich kein fester Gruppenkern entwickelt
- Keine kontinuierliche Teilnahme
- Die Gruppe ist aufgrund der Qualität der eigenen Theaterarbeit demotiviert
- Fehlende Kommunikation zum Kabinett bzw. Boal

Zur Arbeit mit den Theatergruppen:

Im Hinblick auf den Arbeitsprozess in der Theatergruppe ist es von besonderer Bedeutung, dass der Curinga die Bedingungen und Voraussetzungen, die die TeilnehmerInnen mitbringen berücksichtigt. Oft seien die SpielerInnen, so Boal und die Curingas, unpünktlich, unkonzentriert und hätten Schwierigkeiten, sich auf die Körperarbeit einzulassen. Dementsprechend müssen die Übungen und Spiele des Theaters der Unterdrückten auf die Möglichkeiten der Gruppen angepasst und variiert werden.

Die Verständigung mit der Gruppe verlangt von dem Curinga besondere Sensibilität, da die Bedeutungen der im Theater verwandten Begriffe den meisten Mitgliedern entweder fremd sind, oder von ihnen anders verstanden werden[50]. Um eine gemeinsame Sprache zu schaffen, werden zu Beginn der Theaterarbeit Übungen des Statuen- und Bildertheaters[51] angewendet. Es ist ein zeitintensiver Prozess, bis die Gruppe die Idee und Ziele des Theaters der Unterdrückten verstanden hat. Bei den Forumtheateraufführungen sind aufgrund der zeitlichen Begrenzung einfache und klare Erklärungen des Curingas erforderlich. (vgl. Boal 1996, 71f).

Boal und die Curingas betonen, dass die Theaterarbeit in der Gruppe demokratisch gestaltet sein muss. Das Verhältnis zwischen dem Curinga und der Gruppe darf, so Boal, nicht hierarchisch sein:

> "Wenn wir nicht lernen, dann haben wir auch nichts gelehrt.(...) Das Geringste, was man lernen kann, ist, dass jeder Mensch die Dinge anders sieht" (Interview mit Boal vom 18.08.1999).

In diesem Sinne muss der Curinga sich mit der Lebenswirklichkeit der Gruppe vertraut machen und ihre Sichtweise auf die behandelten Themen erfahren. Im Zusammenhang mit dem Arbeitsprozess in der Gruppe wirft Boal die Frage auf: "Wie soll mit den sich ständig verändernden Bedingungen in der Arbeit mit Nicht-Professionellen und der Stringenz einer Theaterprobe in harmonischer Weise umgegangen werden, und insbesondere mit Personen, die keinen [eigenen D.K.] Vorschlag machen, sondern nur [die der anderen D.K.], wenn auch begeistert, akzeptieren?"[52] (Boal 1996, 78).

---

[50] Für viele Gruppen des CTO ist die Arbeit mit dem Theater der Unterdrückten der erste Kontakt mit Theater überhaupt, da ihnen der Zugang zu Theaterbühnen und Kinos aufgrund der fehlenden finanziellen und infrastrukturellen Gegebenheiten nicht möglich ist. So verwechseln die Gruppenmitglieder das Theater mit den realitätsfernen "telenovelas" (Fernsehserien) (vgl. Boal 1996, S.94).

[51] Darstellung bestimmter Begriffe, Situationen oder Empfindungen mit dem eigenen Körper (vgl. Boal 1989).

[52] Im Original: "Como harmonizar o rigor de um ensaio com a inevitável flexibilidade das condiçoes de trabalho não professionais, e sobretudo com pessoas que não fizeram a proposta, apenas a aceitaram, mesmo com entusiasmo?"

Das Forumtheater als Kommunikationsmedium:

In Parteien, Politik und Medien wird immer wieder diskutiert, in welcher Weise, mit welchen Mitteln und Themen die Bevölkerung erreicht und ihr politisches Interesse geweckt werden kann. Hinsichtlich dieser Frage zeigt die Arbeit mit dem Legislativen Theater neue Perspektiven auf. Nach Meinung des CTO ist es besonders der ungewöhnliche Rahmen des Theaters in Verbindung mit seinem ästhetischen Vergnügen, der die Bevölkerung fasziniert. Über das Interesse an der Unterhaltung werden zugleich die politischen Aspekte des Theaters erkannt, so die Curinga Bárbara Santos:

> "Je besser die Ästhetik eines Forumstückes, desto effizienter gelingt die Auseinandersetzung mit dem politischen Inhalt" (Interview mit Santos vom 07.10.1999).

Da das CTO während der Mandatszeit viele Aufführungen organisiert hat, ist die Notwendigkeit der ästhetischen und dramaturgischen Weiterentwicklung des Forumtheaters deutlich geworden[53]. Die Forumtheaterstücke der einzelnen Gruppen werden vom CTO Team besonders im Hinblick auf ihre künstlerische Darstellung und Dramaturgie reflektiert und überarbeitet. Das Theater der Unterdrückten soll einen eigenen ästhetischen Stil entwickeln. Es soll gezeigt werden, dass auch LaienschauspielerInnen aus Comunidades qualitativ gutes Theater machen[54].

Die Präfektur von Santo André/ São Paulo wendet im Bereich der *Participação Popular* (Bürgermitbestimmung) die Technik des Forumtheaters an, um v.a. die BürgerInnen aus benachteiligten Regionen der Stadt, die nicht-formell-organisiert sind, die Teilnahme an politischen Diskussionen und Entscheidungen zu ermöglichen[55]. Pedro Pontual, Beauftragter im Bereich *Participação Popular,* berichtet von positiven Erfahrungen. Das Theater der Unterdrückten biete eine Möglichkeit mit der Bevölkerung in Kontakt zu treten, ohne die in der brasilianischen Gesellschaft verwurzelte autoritäre Praxis zu reproduzieren. Mit dem Theater seien sie näher am Alltag der BürgerInnen. Im Gegensatz zu den politischen Veranstaltungen, bei denen auf traditionelle Weise kommuniziert werde, sei die

---

[53] 1998 hat das CTO für junge Erwachsene zwischen 17 und 21 Jahren einen Kurs zur technischen und bühnenbildnerischen Ausbildung im Theaterbereich angeboten.

[54] Im Kulturbereich werde das Theater der Unterdrückten, so das CTO, häufig mit Skepsis betrachtet, es herrsche das Vorurteil vor, diese Arbeit sei unprofessionell.

[55] Seit Anfang 1997 begleitet das CTO-Rio hier den Aufbau einer eigenständigen Gruppe des Theaters der Unterdrückten, bestehend aus MitarbeiterInnen der Präfektur in Santo André. Die

Beteiligung bei einer durch das Forumtheater angeregten Diskussion wesentlich größer. In diesem Sinne bezeichnet Pontual das Theater der Unterdrückten als eine *neue Sprache.* Im Unterschied zur Arbeit des CTO liegt hier der Fokus nicht auf der Ästhetik des Theaters sondern auf seiner Alltagsorientierung.

Initiative zur Zusammenarbeit ist von der Präfektur ausgegangen, in der mehrheitlich die PT vertreten ist.

2 Dialog, Kooperation und Identitätsbildung

"Der Mensch wird am Du zum Ich."
(Martin Buber 1994)

Aufgrund der zentralen Bedeutung des Dialogs im Theater der Unterdrückten ist es notwendig, sich mit diesem Begriff theoretisch auseinander zu setzen und ihn inhaltlich auszugestalten. Die *Tätigkeitstheorie der Kulturhistorischen Schule* sieht in Anlehnung an Martin Buber den zwischenmenschlichen Dialog und die Kooperation als Voraussetzung und Ursprung der Identitätsbildung. Der Dialog ist die Grundlage der Herausbildung gemeinsamer Sinninhalte, die sich im Subjekt durch Gefühle wie Liebe, Freundschaft, Mitleid u.a. ausdrücken (vgl. Jantzen 1990, 211). In der kooperativen Zusammenarbeit zwischen Menschen werden dagegen Bedeutungen vermittelt, die das Subjekt informativ bereichern. Dialog und Kooperation bilden somit die zwei Seiten einer gelungenen Vermittlung von Individuum und Kollektiv.
Der brasilianische Pädagoge Paulo Freire befasst sich in seiner *Pädagogik der Unterdrückten* mit dem Dialog als zentrales Prinzip einer Bildung als Praxis der Freiheit. Im Gegensatz dazu steht der Monolog als Herrschaftsinstrument der Unterdrücker, der den Blick auf die wirkliche Welt verstellt. Sowohl die psychologisch orientierte Sicht der Tätigkeitstheorie als auch Paulo Freire zeigen in ihren Ausführungen deutliche Parallelen zu den Auffassungen des boalschen Theaters der Unterdrückten.
In diesem Kapitel sollen zunächst die Begriffe Dialog, Kooperation und Identitätsbildung aus tätigkeitstheoretischer Perspektive ausführlich behandelt werden, um daran mit Paulo Freires philosophisch-pädagogischen Gedanken zum Dialog anzuschließen. Abschließend werden auf der Basis der dargestellten Zugänge und im Hinblick auf die Praxis des Theaters der Unterdrückten Merkmale und Strukturen gelungner bzw. gestörter Dialoge beschrieben werden.

2.1 Dialog, Kooperation und Identität aus tätigkeitstheoretischer Sicht

2.1.1 Der Mensch als biologisch – psychisch – soziales Wesen

Die *Kulturhistorische Schule* sowjetischer Psychologie, deren Grundlagen zu Beginn der 30er Jahre von Wygostki, Luria und Leontjew erarbeitet worden sind, gründet sich auf die marxistische Philosophie des *historischen* und *dialektischen Materialismus*. Das Menschenbild, welches die sogenannte Tätigkeitstheorie vertritt, ist nach dieser Sicht ein dialektisches: Der Mensch ist als ein dynamisches und historisches Wesen zu verstehen, in dem sich die Spuren seiner tätigen Auseinandersetzung mit seiner (sozialen) Umwelt widerspiegeln (vgl. Flammer 1999, 199).

Die Grundfrage in der Philosophie nach dem Verhältnis zwischen Subjekt und Objekt bzw. Körper und Geist findet im Materialismus, so Jantzen, eine einheitliche Beantwortung: "Psychisches und Bewußtsein gehören nicht einer anderen Welt an, sind nicht Ausdruck einer absoluten Idee, sondern selbst Resultat eines historischen Prozesses der Ausdifferenzierung der materiellen Welt" (Jantzen 1992, 82). Diese Auffassung wendet sich gegen den Leib-Seele Dualismus Descartes, der das mechanistische Weltbild geprägt hat, das die verschiedensten Wissenschaftsbereiche bis heute stark beeinflusst.

Flammer schreibt: "(...) 'materialistisch' impliziert in diesem Fall nicht Reduktion auf Materie, sondern Abstützung der Lebensprozesse auf materiellen Prozessen und konstitutive Interaktion der subjektiven mit den objektiven Gegebenheiten" (Flammer 1999, 199). Die subjektiven und objektiven Gegebenheiten sind die zwei Entwicklungskomponenten, zum einen die *biologische Grundausstattung* des Menschen, – gemeint sind genetische Struktur und Möglichkeiten der Verarbeitung äußerer Reize – zum anderen die *Entwicklungsbedingungen* – welche die gesellschaftlichen Verhältnisse, also Menschen und kulturelles Erbe, bezeichnen (vgl. Jantzen 1992, 176). Im Zusammenspiel beider Faktoren, den Möglichkeiten des Biologischen und den Bedingungen des Sozialen, sieht die Tätigkeitstheorie die

Grundlage der menschlichen Entwicklung. Damit grenzt sie sich von biologistischen[56] und behaviouristischen[57] Strömungen in der Psychologie ab.
Wie hat man sich nun aber das Zusammenspiel des *Biologischen* und *Sozialen* vorzustellen? Flammer spricht in dem oben genannten Zitat von "materiellen Prozessen". Damit ist eine Bewegungsform von Materie gemeint, durch die das Psychische, also Bewußtsein, Denken und Empfinden entsteht (vgl. Jantzen 1992, 82). Das *Psychische* stellt, wie unten weiter zu klären sein wird, die Vermittlungsebene zwischen dem *Biologischen* und *Sozialen* dar.
Um sich zunächst dem Problem der Entstehung von Psyche anzunähern, bezieht sich die Tätigkeitstheorie auf das Bild der Selbstorganisation[58], welche die Bewegungsform von anorganischer und organischer Materie beschreibt.
Lebende Systeme (ab Zellniveau) erhalten ihre Existenz aufrecht, indem sie einerseits mit ihrer Umwelt physikalisch in Wechselwirkung stehen – d.h. Energie- und Materialtransfer stattfindet – und andererseits Strukturen ausbilden, die ein ständiges Ungleichgewicht[59] erzeugen, um sich selbst zu stabilisieren (vgl. Jantzen 1990, 20). Die chilenischen Biologen Maturana und Varela haben die spezifische Organisation von lebenden Systemen mit dem Begriff *Autopoiese*[60] bezeichnet. Damit soll ausgedrückt werden, dass lebende Systeme sich andauernd *selbst erzeugen* und *erhalten*. Sie produzieren mit ihren Bestandteilen, die Bestandteile aus denen sie bestehen, d.h. sie operieren *selbstreferentiell* und bilden dadurch eine Einheit. Indem

---

[56] Nach der Grundannahme des biologistischen Denkens ist die Entwicklung des Menschen in erster Linie auf die Entfaltung eines angelegten Plans des Werdens zurückzuführen (vgl. Oerter/ Montada 1995, 8). Das würde bedeuten, dass die Persönlichkeitsbildung rein biologisch bedingt wäre; Umwelteinflüssen wird nur eine untergeordnete Rolle zugeschrieben. Aus dieser Perspektive erscheint Pädagogik wenig sinnvoll.

[57] Die gegenläufige Theorie zum Biologismus beschreibt der Behaviourismus. Extreme Vertreter dieser Richtung wie Watson und Skinner reduzieren die menschlichen Verhaltensmuster auf einen Reiz-Reaktion-Mechanismus. Die psycho-physiologischen Vorgänge werden mit einer "black-box" verglichen, über die keine Aussagen gemacht werden kann. Da der Mensch nach dieser Theorie nur auf äußere Reize reagiert, könnte die Pädagogik infolge dessen das Verhalten der Menschen so konditionieren, wie es für die Gesellschaft am nützlichsten wäre (vgl. Balgo 1998a, 31).

[58] Vgl. hierzu die ausführlichen Behandlungen der Selbstorganisationstheorie in: Maturana/ Varela 1987; Jantzen 1990, 18ff; ders. 1990 (a), 38ff; ders. 1994, 119ff.

[59] Bernstein formuliert dazu: "Der Organismus (zielt) nicht auf die Erhaltung eines Zustandes oder einer Homöostase ..., sondern auf die Weiterentwicklung in Richtung des artgemäßen Entwicklungs- und Selbsterhaltungsprogramms" (Bernstein zitiert nach Kutscher 1995, 18). Weiterentwicklung ist hier in Form von dialektischen Sprüngen zu verstehen, die sich auf Widersprüche (Ungleichgewicht) aufbauen (vgl. Flammer 1999, 200f).

[60] Der Begriff stammt aus dem Griechischen: autos: selbst; poiein: machen (vgl.Maturana/ Varela 1987, 51).

die Operationen eines autopoietisch organisierten Systems einen geschlossenen Kreis bilden "ist ihr Sein und ihr Tun untrennbar: sind sie Erzeuger und Erzeugnis, Produzent und Produkt zugleich" (Balgo 1998, 98a)[61]. Durch diese *operationale Geschlossenheit* grenzt sich das System von seiner Umwelt ab und ist autonom, d.h. es spezifiziert seine eigene Struktur, durch welche die innere Dynamik determiniert wird[62]. Gleichzeitig stellt die Systemgrenze auch die notwendige Verbindung mit der Umwelt zur Realisierung der autopoietischen Organisation dar (vgl. Maturana/ Varela 1987, 55f).

Die Ontogenese des Systems ist das Ergebnis eines permanenten strukturellen Wandels, der entweder durch innere Dynamik oder durch Interaktionen mit der Umwelt ausgelöst werden kann. In welcher Weise sich aber der Zustand des Systems verändert, ist abhängig von seiner gegenwärtigen Struktur; Maturana und Varela nennen dies *Strukturdeterminiertheit* (vgl. ders. 1987, 105f). Aufgrund der Strukturdeterminiertheit kann ein System von außen nicht instruiert, sondern nur verstört werden. Ein Außenstehender Beobachter kann das Verhalten eines System weder vorhersagen, noch direkt beeinflussen. Im Gegenteil die gemachte Beobachtung ist nur das Ergebnis systemeigener Konstruktionen des Beobachters. Aus dieser Erkenntnis über das Erkennen kommen Maturana und Varela zu dem Schluß, dass in unserem Kopf keine objektive Welt abgebildet wird, sondern, "dass jeder Akt des Erkennens eine Welt hervorbringt" (ders. 1987, 31). Allerdings gibt es bei den individuellen Wirklichkeitskonstruktionen verschiedener Beobachter auch große Bereiche der Übereinstimmung. Diese entstehen durch eine *strukturelle Koppelung* der Systeme. Strukturelle Koppelung meint, dass die Interaktionen zwischen den Systemen einen stabilen, rekursiven Charakter erlangt haben, also wechselseitig aufeinanderbezogene Strukturveränderungen auslösen (vgl. ders. 1987,

[61] Ein Beispiel einer autopoietischen Einheit ist die Zelle. Die Bildung der Zellmembran ist das Ergebnis von Stoffwechselprozessen, die ihrerseits erst durch die Abgrenzung zur Umwelt möglich gemacht werden (vgl. Maturana/ Varela 1987, 51f).

[62] Maturana spricht nicht nur von operationaler, sondern auch von *informationeller Geschlossenheit* eines Systems. Aus materialistischer Perspektive operieren lebende Systeme zwar geschlossen, sind jedoch auf informationelle Austauschprozesse mit der Umwelt angewiesen, um sich weiterzuentwickeln (vgl. Jantzen 1990, 36f; ders. 1990 (a), 43f). Jantzen kritisiert, dass Maturana und Varela damit das lerntheoretische Problem des Behaviourismus zu Lasten einer "black-box" in der Außenwelt umkehren würden (vgl. Jantzen 1994, 119).

84f). Systeme, die strukturell gekoppelt sind, bilden somit einen Bereich koordinierter und zueinander passender Verhaltensweisen aus[63].

Im Hinblick auf das Problem des *Psychischen* bleibt aus diesen Grundaussagen zur Selbstorganisation festzuhalten:

- Lebende System stehen mit ihrer Umwelt in Austauschprozessen und sind informationsverarbeitend, d.h. es werden selbständig eigene, psychische Strukturen ausgebildet.
- Aufgrund der operationalen Geschlossenheit und Strukturdeterminiertheit eines lebenden Systems kann es im kognitiven Bereich kein eingeschleustes Fremdwissen geben, sondern nur systemeigene Konstruktionen der äußeren Welt.

Psyche ist also systeminterne Verarbeitung von Informationen über die Beschaffenheit der äußeren Welt. In Bezug auf die Vermittlungsfunktion des *Psychischen* bedeutet das: Durch den Aufbau von psychischen Abbildern in der tätigen Auseinandersetzung mit der Außenwelt spiegelt sich das *Soziale* im Organismus wider (vgl. Jantzen 1992, 83). Das psychische Abbild stellt allerdings keine photographische Wiedergabe der äußeren Welt dar, sondern ist eine nichtsinnliche, subjektive Konstruktion eines objektiv-realen Gegenstandes, in der seine sinnlichen Eigenschaften in einheitlicher, abstrakter Form repräsentiert sind (vgl. Jantzen 1992, 125)[64]. Das abstrakte, amodale Abbild bezieht sich auf die hinter der Sinnlichkeit des Gegenstands liegende Bedeutung für das Subjekt (vgl. ders. 1992, 137). Ein Tisch kann also in meiner Vorstellung eine beliebige Farbe, Form und Größe haben, solange er seine Funktion als Ablage oder Arbeitsplatz behält. Diese Bedeutung ist ihm allerdings nicht zu eigen, sondern das Konstrukt einer Sozialgeschichte, die von mir individuell angeeignet und psychisch widergespiegelt wird. Das Abbild bildet als Träger von Bedeutung die Orientierungsgrundlage meines Verhaltens.

---

[63] Jantzen kritisiert, dass Maturana und Varela den für Leben zentralen Prozess der strukturellen Koppelung selbst unbestimmt lassen. Er geht in Anlehnung an Roth davon aus, dass die Systeme ihre raum-zeitlichen Strukturen aneinander koppeln und spricht von *zeitlicher Koppelung* (vgl. dazu Punkt 2.1.3. sowie Jantzen 1994, 120ff ;ders. 1990, 37f; ders 1990 (a), 41ff).

[64] Aus Sicht des radikalen Konstruktivismus wird die Tätigkeitstheorie als Abbildtheorie kritisiert, in der sich ein lebendes System letztlich wieder einer objektiven Welt unterordnen würde (vgl. Balgo 1998a, 36). Hier wird aber der Begriff des psychischen Abbilds als eine ungebrochene interne Abbildung einer externen Welt missverstanden.

Anochin hat sich weitergehend mit der Frage der Orientierungsfunktion der psychischen Abbilder beschäftigt und dabei den Mechanismus **der vorgreifenden Widerspiegelung der Wirklichkeit**[65] beschrieben. Indem der Organismus äußere raum-zeitliche Abläufe (Makrozeiteinheiten) in innere raum-zeitliche Prozesse (Mikrozeit des Systems) übersetzt, kann er Vorgänge in der Umwelt *vorgreifend widerspiegeln* (vgl. Jantzen 1992, 158f). Mit einem Beispiel aus unserem Alltag versuche ich, diesen komplexen Vorgang anschaulich darzustellen:

> Ich möchte mir eine Lasagne kochen. Bevor ich nun mit dem Kochen beginne, überlege ich wie der Kochvorgang inhaltlich und zeitlich strukturiert werden kann. Ich beschäftige mich mit der Frage, wie lange das Fleisch zum Braten gebraucht und wann das Gemüse hinzugefügt werden kann, damit es nicht verkocht. Dabei spielen sich bedeutsame Anhaltspunkte des Kochvorgangs vor meinen Augen gedanklich ab. Ich nehme also in Gedanken die Zukunft in viel kürzeren raum-zeitlichen Einheiten vorweg.

Die Mikrozeiteinheiten, in denen das System die Makrozeiteinheiten der Außenwelt organisiert, existieren auf der Grundlage der biologischen Uhren[66], über die ein Organismus verfügt, und bilden die sogenannte Eigenzeit (vgl. Jantzen 1990(a), 52). Der Organismus sammelt also durch die Verarbeitung von äußeren und inneren Informationen auf der Basis von Eigenzeit ein individuelles raum-zeitliches Wissen über die Welt. Aufgrund dieser psychischen Widerspiegelung ist der Organismus erst in der Lage, *zeitlich-* und *zweckgerichtet*[67] auf seine Umwelt zu zugehen.

Aus materialistischer Perspektive findet bereits ab Zellniveau *selbstreguliertes* Leben statt, das einer eigenen Gesetzlichkeit und Dynamik unterliegt und somit nicht direkt zu beeinflussen ist. Charakteristisch für Leben ist die Fähigkeit zur *vorgreifenden Widerspiegelung* der Wirklichkeit, durch welche die Gedächtnisbildung in Form vom Aufbau abstrakter psychischer Abbilder, als Träger von Bedeutungen, möglich wird. Das *Psychische* vermittelt bzw. beeinflusst also einerseits das *Biologische* und *Soziale*, geht aber andererseits aus beidem hervor. Hier zeigt sich die Dialektik des Menschenbildes in der Tätigkeitstheorie.

---

[65] Ausführlich dazu Jantzen 1992, 157ff.

[66] Dies könnte z.B. der Herzrhythmus sein.

[67] In diesem Punkt kritisiert Jantzen die Auffassung Maturana`s und Varela`s, die davon ausgehen, dass selbstorganisierte Systeme *zweckfrei* und *zeitlos* operieren (vgl. Jantzen 1990, 35f u. Balgo 1998a, 101).

2.1.2 Tätigkeit als Existenzform des Menschen

Es ist bereits die Bedeutung der psychischen Abbilder erklärt worden, die einerseits den Organismus in seiner tätigen Auseinandersetzung mit der Umwelt orientieren, andererseits durch diese entstehen. Nun soll der Prozess der **Tätigkeit**, durch den der Organismus seine Beziehung zur äußeren Welt realisiert und der Aufbau psychischer Abbilder erst möglich wird, genauer beschrieben werden. Dabei beziehe ich mich nun auf den menschlichen Organismus.

Austauschprozesse eines Subjekts mit einem Objekt der äußeren Wirklichkeit müssen immer im System *Subjekt – Tätigkeit – Objekt* gedacht werden (vgl. Jantzen 1992, 149). Kutscher stellt diesen Prozess anhand einer Grafik wie folgt dar:

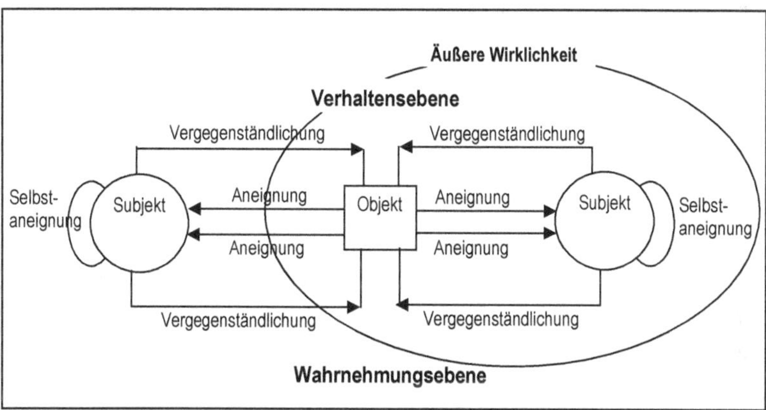

Abb. 1: Struktur der Entwicklung von Subjekten unter Bedingungen von Kooperation (Kutscher 2000, 56).

Zunächst steht der Austausch zwischen Subjekt und Objekt im Mittelpunkt der Beobachtung, bevor weiter unten zwischenmenschliche Austauschprozesse beschrieben werden.

Die tätige Auseinandersetzung im System *Subjekt – Tätigkeit – Objekt* verläuft auf zwei Ebenen: Das Subjekt nimmt zum einen die äußere Wirklichkeit wahr (Wahrnehmungsebene), zum anderen verhält es sich zu ihr (Verhaltensebene). Auf der Wahrnehmungsebene verfolgt das Subjekt das Ziel der Erfassung der äußeren

Wirklichkeit. Es eignet sich in der Informationsverarbeitung die äußere Wirklichkeit an und konstruiert neue psychische Abbilder. Auf der Verhaltensebene verfolgt das Subjekt das Ziel der Veränderung der äußeren Wirklichkeit. Dabei verändert es die Welt materiell bzw. antizipiert ihre Veränderung (vgl. Kutscher 2000, 55).

Auf beiden Ebenen finden Prozesse der **Vergegenständlichung** und **Aneignung** statt. In der *Aneignung* erneuert das Subjekt seine Möglichkeiten der Erfassung und Beeinflussung der äußeren Wirklichkeit, es bereichert sich. In der *Vergegenständlichung* gibt das Subjekt einen Teil seiner Psyche nach außen, es bestätigt sich.

Vergegenständlichung und *Aneignung* laufen in einem ständigen Prozess ab und sind ebenso wenig voneinander zu trennen wie die Wahrnehmungs- und Verhaltenstätigkeiten. Die Fähigkeit zur *vorgreifenden Widerspiegelung der Wirklichkeit*, bildet die Voraussetzung für den Ablauf dieses Prozesses. Ohne die geringste Erfahrungsgrundlage und Antizipationsfähigkeit wäre ein Subjekt handlungsunfähig[68].

Um den abstrakten Vorgang im System Subjekt – Tätigkeit – Objekt näher zu veranschaulichen, gehen wir zurück zum Beispiel des Lasagnekochens:

> Beim Kochen eigne ich mir Wissen über die Beschaffenheit von Gemüse an, z.B. dass Zucchini mehr Zeit zum Garkochen benötigen als Tomaten. Dieses Wissen vergegenständlicht sich nun im tätigen Umgang mit der Welt, ich koche Lasagne. Während des gesamten Kochvorgangs eigne ich mir wiederum an, was ich tue und mache dies zu meinem geistigen Gegenstand. Dabei erfahre ich etwas von mir, z.B. fällt mir auf, dass ich hektisch bin und das Salz vergesse oder sehr bedacht arbeite.

Jantzen beschreibt in Bezug auf Marx den einheitlichen Prozess des Veränderns der Umstände und des Selbst: "Im Prozess der Arbeit als Formwechsel in der äußeren Welt verändert sich zugleich der Arbeiter selbst" (Jantzen 1992, 85). Durch den Umgang mit der sozialen Umwelt werden *interpsychische* Prozesse zu *intrapsychischen* Prozessen und umgekehrt (vgl. Jantzen 1992, 123). Das soziale

---

[68] Selbst schwerstbehinderte Menschen sind auf ihrem Entwicklungsniveau in der Lage, erfahrungsgemäß zu handeln und zu antizipieren. Lebende Systeme sind von ihren biologischen Möglichkeiten her gesehen grundsätzlich entwicklungsfähig. Neugeborene tragen bereits gattungsspezifische "Erfahrungen" in sich. Diese werden als *Angeborene Auslösemechanismen* bezeichnet, die sich in der Wechselwirkung mit der Umwelt sofort weiterentwickeln (vgl. Jantzen 1992, 133).

Miteinander wird verinnerlicht und umgekehrt die Psyche in gemeinsamen Prozessen vergegenständlicht. In der Tätigkeit entwickelt sich also das Psychische, das wiederum die Tätigkeit strukturiert. Es wird deutlich, dass äußere physische Tätigkeit unlösbar mit innerer psychischer Tätigkeit verbunden ist. Insofern vermittelt die Tätigkeit zwischen den beiden Polen Subjekt und Objekt, zwischen den biologischen Entwicklungsmöglichkeiten und den sozialen Entwicklungsbedingungen. Tätigkeits- und psychisches Abbildniveau entwickeln sich dabei in einem dialektischen Prozess, sind also jeweils aufeinander bezogen (vgl. Jantzen 1992, 164f).

Der Menschen ist bereits als biologisch – psychisch – soziales Wesen beschrieben worden, das gerichtet auf die Welt zugeht. Beim Beispiel des Lasagnekochens wäre die Gerichtetheit auf der *biologischen Ebene* ein physiologischer Mangelzustand, der sich in dem **Bedarf** nach Nahrung äußert. Auf der *psychologischen Ebene* wird dieser Mangelzustand emotional im **Bedürfnis** nach Neuheit und zugleich Vertrautheit[69] widergespiegelt, es entsteht ein Gefühl von Hunger (vgl. Jantzen 1992, 133). So kann zum Beispiel das bloße Gefühl von Hunger über seine Befriedigung (Motivverwirklichung) zu einem höheren Bedürfnis nach kulturellem Essensgenuss werden. Emotionale Widerspiegelung meint hier die individuelle Sinngebung, mit welcher das Subjekt das Gefühl Hunger im Laufe seiner Lebensgeschichte bezeichnet hat, das Bedürfnis ist also das Resultat vergangener Tätigkeiten. (vgl. Jantzen 1992, 138). Auf der *sozialen Ebene* vergegenständlicht sich das Bedürfnis (Hunger) in dem **Motiv**, Lasagne zu kochen. Das Motiv wird zum Gegenstand der Tätigkeit (vgl. Jantzen 1992, 150). Es charakterisiert sich dadurch, dass es *sozial vermittelt* ist (vgl. Kutscher 2000, 26). Allein würde ich nie auf die Idee kommen, Lasagne essen zu wollen, hätte ich es nicht von anderen Menschen gelernt. Ohne die Motivverwirklichung gäbe es keine Bedürfnisse und ohne Bedürfnisbefriedigung gäbe es keine Motive.

Der gesamte Prozess der tätigen Auseinandersetzung mit der äußeren Wirklichkeit wird vom Subjekt nicht nur rational, sondern auch permanent emotional bewertet. Die inneren Abbilder, welche das Subjekt in der Tätigkeit aufbaut, werden, so

---

[69] Das Bedürfnis nach Neuheit entspricht dem ständigen Streben nach Ungleichgewicht bzw. Erneuerung. Zugleich entsteht auch das Bedürfnis nach Vertrautheit, um sich selbst zu stabilisieren. Dem entspricht das Streben nach Gleichgewicht. Diese Prozesse habe ich bereits im Zusammenhang mit der Selbstorganisation lebender Systeme erläutert.

Simonov, im Hinblick auf die Bedürfnisbefriedigung bzw. gelungene Neuigkeitsverarbeitung bewertet (vgl. Jantzen 1992, 133f).

Ist mir z.B. das Kochen gelungen, wird das Abbild der Tätigkeit positiv bewertet. Das Motiv dient der Bedürfnisbefriedigung. Ist das Fleisch verbrannt oder das Gemüse verkocht, erfolgt eine entsprechend negative Bewertung. Hier könnte aufgrund des Misserfolgs ein Motivwechsel, wie z.B. das Auftauen einer Tiefkühlpizza, eher zur Bedürfnisbefriedigung führen (vgl. Jantzen 1992, 150). Allerdings ist der Erneuerungsaspekt hier nicht sehr groß.

Auf der Grundlage der **emotionalen Bewertung** entscheidet sich das Subjekt, ob eine Tätigkeit in Zukunft wiederholt werden soll oder nicht. Die negative emotionale Bewertung einer Tätigkeit muss aber nicht zwangsweise zu ihrer Vermeidung führen. Erlebe ich die Neuheit der Situation so, dass ich mich trotz negativer Erfahrung in der Lage fühle, das Kochen zu lernen, antizipiere ich einen erfolgreichen Ausgang der Tätigkeit. Habe ich mich beim Kochen überfordert gefühlt, antizipiere ich die Frustration und lasse das Kochen lieber bleiben. Die Entscheidung hängt von meinem psychologischem Bedürfnis nach Neuigkeit bzw. Vermeidung von Ungewissheit ab (vgl. Jantzen 1992, 138).

Wichtig ist in diesem Zusammenhang die *Selbstbestimmung* des Subjekts, eine Tätigkeit zu tun oder zu meiden, bis vielleicht der Zeitpunkt gekommen ist, sich der Herausforderung zu stellen. Selbstbestimmtes Handeln bewirkt dabei eine positive emotionale Gerichtetheit des Subjekts; *Fremdbestimmung*[70] von außen ("Du musst kochen lernen") erzeugt negative Gefühle und kann, wenn sie dauerhaft auftritt, eine negative emotionale Gerichtetheit zur Folge haben (vgl. Kutscher 1995, 18). Ich reagiere in Zukunft mit Flucht oder Aggression auf sämtliche Kochsituationen[71]. Die rationale Gedächtnisbildung vollzieht sich also über den Sinngebungsprozess des emotionalen Apparates (vgl. Jantzen 1992, 136; 293).

Tätigkeit charakterisiert sich durch ihre gegenständliche Grundlage, dem Motiv und dem Beziehungsaspekt zur äußeren Welt. Sie ist insofern die Existenzform des Menschen, als das er sich nur durch sie entwickelt. Indem der Mensch die Welt

[70] Auf die Begriffe Selbst- und Fremdbestimmung wird im Punkt 2.1.6 ausführlich eingegangen.

[71] Auf Situationen, die zuviel Neuheit enthalten, reagiert der Mensch mit Angst, da ihm Möglichkeiten zur Aneignung fehlen. Dagegen reagiert er in Situationen, die seine Vergegenständlichung stark einschränken, mit Aggression. Beide Reaktionen sind als Schutzmechanismen vor drohender Isolation zu verstehen (vgl. dazu Punkt 2.1.6).

verändert, verändert er sich selbst. Die Erfahrungen, die mittels der Tätigkeit möglich sind, werden im Gedächtnis sowohl rational als auch im Hinblick auf die Bedürfnisbefriedigung nach Neuheit emotional bewertet. Aus der Basis dieser Bewertungen begegnet der Mensch seiner Welt.

2.1.3 Zum zwischenmenschlichen Austausch

In der Aneignung äußerer Wirklichkeit trifft das Subjekt auf eine gesellschaftliche Wirklichkeit, die bereits vom Menschen geprägt worden ist. Beim Kochen wäre dies beispielsweise das *Werkzeug*[72] Messer. Indem das Subjekt etwas über den Umgang und die *soziale Bedeutung* des Messers lernt, eignet es sich das gattungsspezifische Erbe an. Diese soziale Bedeutung ist das Resultat vergegenständlichter Psyche (vgl. Jantzen 1992, 123). Wygostki sieht das Werkzeug als Träger von Bedeutungen, die invariante menschliche Umgangsformen beschreiben; dies gilt nicht nur für konkrete Gegenstände, sondern auch für die Sprache oder den Körper (vgl. Jantzen 1992, 117). Das Subjekt wird über die Aneignung von Kulturgegenständen informativ bereichert[73].

Erweitern wir nun die Betrachtung der obigen Grafik (Abb.1) und beschäftigen uns mit der Aneignung äußerer Wirklichkeit über andere lebendige Subjekte (Pflanzen, Tiere, Menschen), stellen wir insbesondere im zwischenmenschlichen Austausch eine neue Qualität der Wechselwirkungen fest.

> In der Kochsituation wäre ich nun nicht mehr allein, sondern zusammen mit meinem Freund. Wir beide tragen mit unserem je unterschiedlichen Wissen über die Welt zur Herstellung der Lasagne bei. Mein Freund vergegenständlicht sich in der Verwendung eines besonderen Gewürzes, das ich nicht kenne. Indem ich von der Sauce koste, kann ich mir ein Stück seiner Tätigkeit aneignen. Über Bestätigung und konstruktive Kritik können wir uns gegenseitig informativ bereichern. In der gegenstandsvermittelten Beziehung mit meinem Freund findet Höherentwicklung statt (vgl. Kutscher 2000, 59).

[72] Das Werkzeug ist immer Träger von Kultur und wird daher in der Tätigkeitstheorie auch als Kulturgegenstand bezeichnet.

[73] Erst durch das sprachliche Werkzeug als Zeichen und damit Träger von abstrahierten Bedeutungen, organisiert sich das Bewusstsein in neuer Weise in Form von semantischen Sinnfeldern. Nur mittels Sprache (gemeint ist hier nicht nur die Lautsprache, sondern jegliche Zeichensysteme) kann das Niveau des abstrakt-logischen Denkens erreicht werden (vgl. Wygostki 1971).

Voraussetzung dafür bildet allerdings das gegenseitige Interesse am anderen, d.h. ich erkenne das Wissen und die Ziele meines Freundes an, mache ihn nicht zum Mittel meiner Zwecke und umgekehrt. Die Beziehung ist also ***kooperativ***[74] strukturiert (vgl. Kutscher 2000, 59). Über die kooperative Zubereitung der Lasagne bauen wir gemeinsam *Bedeutungen* auf. In diesem ersten Aspekt des zwischenmenschlichen Austausches, so Kutscher, "systematisieren und strukturieren (wir) uns die *objektiven Bedeutungen* der äußeren Wirklichkeit" (Kutscher 2000, 60).

Davon unterscheiden sich die *subjektiven Bedeutungen*, die sich auf das emotionale Erleben der Situation beziehen. In ihnen spiegelt sich wider, welchen *Sinn* die objektiven Informationen für das Subjekt haben (vgl. Kutscher 2000, 59). Eine positive emotionale Bewertung nimmt das Subjekt dann vor, wenn es – wie oben beschrieben – sein Handeln sinnvoll und selbstbestimmt erlebt. Dies ist nur der Fall, wenn es seine Eigenzeit berücksichtigen kann. Jantzen, der den zwischenmenschlichen Austauschprozess hier auf der Ebene von selbstorganisierten Systemen betrachtet, spricht hier von *zeitlicher Koppelung*[75] der Systeme, die sich durch das wechselseitige Hervorbringen gemeinsamer Zeit realisiert (vgl. Jantzen 1994, 131f). Gelingt die Koordination der Eigenzeiten, schwingen beide in einem gemeinsamen Rhythmus, der sich im emotional-positiven Erleben äußert. Zur Veranschaulichung soll uns wieder das Kochbeispiel dienen:

> Ich koche die Lasagne diesmal mit meinem achtjährigen Neffen Felix. Felix hat sich mit seinen acht Jahren bereits ein Wissen über die Tätigkeit Kochen angeeignet. Er weiß, dass irgendwann der Tisch gedeckt, die Nudeln gekocht und das Gemüse geschnitten werden müssen. Allerdings hat er in seinem Alter noch keine abstrakte Vorstellung von dem genauen Ablauf und Zeitraum des gesamten Kochvorgangs. Beim gemeinsamen Kochen müssen wir nun unser Wissen und unsere individuelle Eigenzeit miteinander koordinieren. Felix wird sicherlich mehr Zeit zum Zucchinischneiden benötigen als ich. So kann ich mich im Vorhinein darauf einstellen und entsprechend mehr Zeit einplanen. Im Prozess des Kochens

[74] Im Gegensatz dazu stehen Konkurrenzverhältnisse; Holzkamp (1979) bezeichnet sie auch als "Instrumentalverhältnisse" (vgl. hierzu Kutscher 2000, 27).

[75] Jantzen erweitert hier den von Maturana und Varela geprägten Begriff der strukturellen Koppelung autopoietischer Systeme (vgl. Punkt 2.1.1.). "Lebende Organismen sind so gebaut, dass ihre elementaren Raum-Zeit-Parameter in Form chronobiologischer Prozesse (und subjektiv in Form affektiver, emotionaler, sinnhafter Wertung) ständig gegenüber einer Eichung durch die Umwelt offen sind. Nur das sichert das Überleben (...). Diese Eichung kann durch Koppelung an

sind wir dann ganz entspannt, erzählen uns gegenseitig Geschichten und haben viel Spaß. Beide verspüren wir keinen (Zeit)druck von außen, der Stress und negative Emotionen auslösen könnte. Alltagssprachlich ausgedrückt befinden wir uns im Einklang.

In dieser kooperativ strukturierten Situation kann sich Felix seine Zeit[76] nehmen, in der er sich Neues über die Tätigkeit des Kochens aneignet. Neben dem gemeinsamen objektiven Bedeutungsaufbau am Gegenstand des Kochens, finden auch gemeinsame *subjektive Sinnbildungsprozesse* statt, welche den zweiten Aspekt des zwischenmenschlichen Austauschs beschreiben (vgl. Kutscher 2000, 59). Felix und ich erleben jeweils die Lebendigkeit des anderen – Gefühle oder Affekte, die sich in der körperlichen Bewegung vergegenständlichen – und eignen uns diese an. Wir werden sinnlich bereichert. Ich erlebe mein Tun aber nur dann als sinnvoll, wenn ich selbstbestimmt handeln kann. Subjektive Sinnbildung und Gestaltung der Eigenzeit sind also aufs engste miteinander verknüpft.

Grundlage und Konsequenz kooperativer Beziehungen sind der gemeinsame Bedeutungsaufbau der objektiven Wirklichkeit und die wechselseitige Sinnaneignung der subjektiven Wirklichkeit. Bedeutung und Sinn sind in diesem Prozess nicht voneinander zu trennen. Sie finden ihre Einheit im psychischen Abbild, dem Gedächtnis. Jantzen schreibt dazu: "Die Bedeutungen existieren daher im Subjekt selbst nur im Medium des Sinns, also der integrierten affektiven Bewertung seiner eigenen gegenwärtigen Lebensprozesse wie den Dimensionen seiner Zukunft. Dieser Sinn selbst ist aber Resultat des Erwerbs von Bedeutungen" (Jantzen 1992, 120). Hier zeigt sich deutlich die dialektische Einheit von Kognition und Emotion, vom rationalen und sinnhaften Begreifen der Welt.

Da sich Bedeutung und Sinn also nur über die Bindung an andere Menschen (Artgenossen) entwickeln, bezeichnet Leontjew die *gegenständliche Tätigkeit* und die

---

räumlich-zeitliche Strukturen der unbelebten wie belebten Welt, aber insbesondere auch an das Verhalten der eigenen Gattung erfolgen" (Jantzen 1990, 37f).

[76] Bedingungen extremer Fremdbestimmung kennzeichnen sich dadurch, dass die Eigenzeit des Subjekts nicht beachtet wird und kein selbstbestimmtes Handeln möglich ist (vgl. hierzu Punkt 2.1.6). Eine gelungene Zusammenarbeit setzt die Koordination von Eigenzeiten voraus. Bei Kindern ist es offensichtlich, dass sie ihre eigene Zeit brauchen, um sich zu orientieren. Im Umgang zwischen Erwachsenen geht diese Sensibilität für die Möglichkeiten des anderen häufig verloren. Aus diesem unbewussten Problem der Koordination von Eigenzeiten heraus entstehen häufig Konflikte

Kommunikation als zentrale Antriebskräfte der Entwicklung[77] (vgl. Kutscher 2000, 11). Menschen, die keine Zuwendung durch einen anderen Menschen erfahren, haben nicht die Möglichkeit, sich auf allen Ebenen ihrer Existenz körperlich, geistig und sozial zu differenzieren. Jantzen formuliert in Bezug auf Marx: "Um Persönlichkeit zu werden, sich als Mensch zu entfalten, ist der je einzelne Mensch auf ein spezifisches Verhältnis zur Gattung angewiesen" (Jantzen 1992, 111). Der Mensch wird also durch die Spiegelung im anderen Menschen erst zum Mensch.

Damit kann gesagt werden, dass jedes lebendige System gerichtet ist auf die gattungsspezifische Weiterentwicklung. In der *kommunikativ-kooperativen* Tätigkeit eignet sich der Mensch auf einer objektiven Bedeutungs- und subjektiven Sinnbildungsebene sein Gattungswesen an.

Was in der Grafik unter Selbstaneignung der Subjekte gekennzeichnet ist, meint die Regeneration des Organismus. Besonders in Phasen der Überlastung und Erschöpfung muss sich der Organismus durch Entspannung und Besinnung auf sich selbst (Rückzug) als noch vorhanden zurückmelden (vgl. Kutscher 2000, 61). Die Selbstaneignung oder Verarbeitung von Erlebtem ist ein wichtiger Bestandteil von gelingender Beziehungsaufnahme zur Welt.

2.1.4 Zu Dialog und Kooperation

Der doppelte Aspekt von kommunikativ-kooperativen Beziehungen ist bereits anhand von Bedeutungs- und Sinnbildungsprozessen herausgearbeitet worden. Im dialektischen Zusammenhang von Dialog und Kooperation spiegelt sich dieser Doppelaspekt wider (vgl. Jantzen 1990, 211).

Dialog bezeichnet aus tätigkeitstheoretischer Sicht den Teil des zwischenmenschlichen Austauschprozesses, in dem eine *wechselseitige Sinnaneignung* wie oben beschrieben stattfindet[78] (vgl. Kutscher 2000, 60). In der **Kooperation** liegt dagegen die Funktion der *Bedeutungsvermittlung*. Diesen

[77] Damit liegt der Schwerpunkt des Entwicklungsgedanken Leontjews auf einem anderen Aspekt als bei Piaget, der in der spontanen Selbständigkeit des Heranwachsenden – Prozess der aktiven Konstruktion durch selbstregulierte Interaktion mit der Umwelt – die zentrale Antriebskraft von Entwicklung sieht (vgl. Kutscher 2000, 11).

[78] In undialogischen Situationen wie z.B. Vertragsverhandlungen unter Konkurrenten werden keine Gefühle vermittelt, "man sagt viel, *sich* aber nichts" (Kutscher 2000, 60)

Beziehungs- und Inhaltsaspekt menschlichen Austausches finden wir in allen Formen gemeinsamer produktbezogener Tätigkeiten (vgl. Jantzen 1990, 212).

Wenn Felix und ich über das gemeinsame Kochen eine Beziehung aufbauen, in der wir uns gegenseitig Gefühle vermitteln, sind die dialogischen Momente des Austausches angesprochen. Betrachten wir den Arbeitsprozess unter dem Gesichtspunkt der Kooperation, so ist damit das Erstellen des Kochplans und der Austausch über die Zubereitung der Lasagne gemeint. Über die gemeinsame gegenständliche Tätigkeit werden Beziehungen aufgebaut. In diesen Beziehungen erhält der Gegenstand über seine objektive Bedeutung hinaus für die Beteiligten auch eine subjektive Bedeutung. Er wird zum *Zeichen* für die Beziehung. Hier wäre das gemeinsame Kochen für Felix und mich Ausdruck unserer Beziehung. Die Bedeutung des Gegenstandes kann durch seine Ritualisierung hervorgehoben werden, wenn wir uns beispielsweise regelmäßig zum Kochen treffen würden[79].

Von Dialog und Kooperation unterscheidet Jantzen die Begriffe Kommunikation und Interaktion. *Kommunikation* bedeutet hier zunächst nur *Austausch von Informationen*, ohne dass dabei der Austauschprozess selbst angesprochen wird, also ob Konkurrenzverhältnisse oder kooperative Beziehungen vorliegen (vgl. Jantzen 1990, 211f). *Interaktion* bezeichnet "unter dem Aspekt des beobachtbaren 'offenen' Verhaltens" *jedes wechselseitige Aufeinandereinwirken* mindestens zweier Individuen (Clauß u.a zitiert nach Jantzen 1990, 211).

Zieger stellt diese Begrifflichkeiten in Anlehnung an Jantzen in folgender Grafik anschaulich dar:

[79] In der Theorie des *Symbolischen Interaktionismus* werden die Handlungen der zwischenmenschlichen Beziehung nicht nur auf der gegenständlichen Ebene, sondern auf der Ebene ihrer symbolischen Bedeutungen untersucht. In der Analyse symbolischer Bedeutungssysteme wird auch die Identitätsentwicklung des Menschen als ein gemeinsames Wechselspiel zwischen Vergesellschaftung und Individuation beschrieben (vgl. Kramer 1997, 79). Ausführungen zum *Symbolischen Interaktionismus* finden sich bei Goffman 1975.

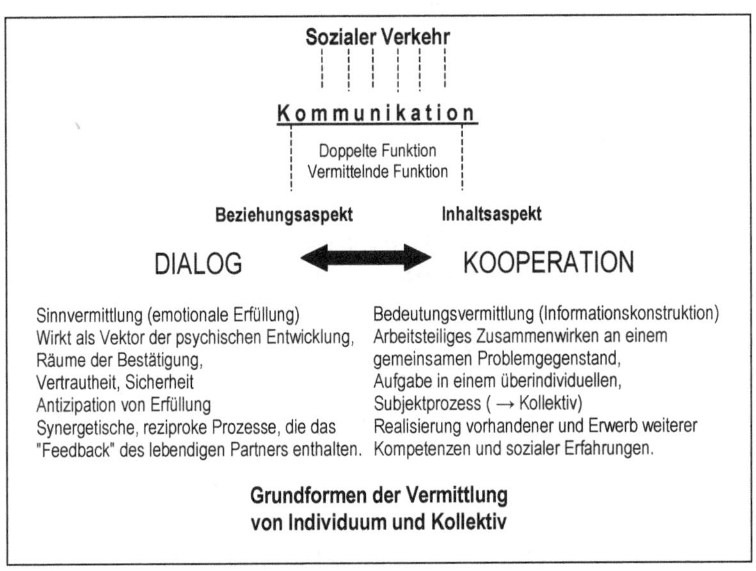

Abb. 2: Dialog, Kooperation, Kommunikation (Zieger 1992, 130) [80]

Um den Dialog weiter zu bestimmen, bezieht sich Jantzen auf die entwicklungspsychologischen Arbeiten René Spitz`. Spitz, der v.a. die Beziehung zwischen dem Neugeborenen und seiner Bezugsperson aus psychoanalytischer Sicht untersucht hat, stellt den **Dialog als einen Akt der Reziprozität** dar (Spitz 1972). "Es ist ein Dialog des Tuns und Reagierens, der in Form eines Kreisprozesses innerhalb der Dyade vor sich geht, als fortgesetzter, wechselseitig stimulierender Rückkopplungsstromkreis" (Spitz zitiert nach Jantzen 1990, 212). Auf der Grundlage *Angeborener Auslösemechanismen*[81] (AAM) gestaltet das Neugeborene den Dialog von Beginn an kompetent mit.

Die erste Aktivierung des AAM bewirkt die psychische Widerspiegelung und Gedächtnisbildung der Tätigkeit. Legt beispielsweise die Bezugsperson ihren Finger in die Hand des Säuglings (Aktivierung des Greifreflexes), so wird der Greifreflex

[80] Anstelle des Begriffs Interaktion setzt Zieger den sozialen Verkehr.

durch die Widerspiegelung zu einem sozialem Greifakt, der vom Säugling auf nicht bewusstem Niveau emotional bewertet und antizipiert wird (vgl. hierzu Jantzen 1992, 188ff). Durch positive emotionale Rückmeldungen auf einzelne Handlungen werden "vorher getrennte Handlungen aneinander gekoppelt. Die entsprechend integrierende Funktion der Tätigkeit (...) führt dazu, dass dann auch die emotionalen Bewertungen auf höherem Niveau ansetzen. Durch reziproke Dialoge entstehen daher Räume von Bestätigung, Vertrautheit und Sicherheit, auf deren Grundlage Neuigkeit bewältigt werden kann" (Jantzen 1990, 213).
Spitz deutet daraufhin, dass Dialoge auch ihre eigene Zeitdimension haben. Sie realisieren sich in der Wechselwirkung von Rhythmus und Raumkoordination[82], den der Säugling mitgestaltet (vgl. Jantzen 1990, 213). Aufgrund dieser aufgebauten Sicherheit und Vertrautheit gelingt es dem Säugling in Phasen der raumzeitlichen Trennung von der Bezugsperson den Verlust nicht nur zu kompensieren[83], sondern auch die Rückkehr dieser als emotional-befriedigend zu antizipieren (vgl. Jantzen 1990, 214). Dialogsituationen führen durch ihr positives Erleben zur Integration der psychischen Abbilder von bisher Erlebtem und Gelerntem in einen größeren Gesamtzusammenhang, daraus folgt die Höherstrukturierung des Tätigkeits- und Abbildungsniveaus.

Bei dem jüdischen Religionsphilosophen Martin **Buber,** auf den sich Jantzen zum Dialog weiter bezieht, steht ebenfalls die zwischenmenschliche Beziehung im Mittelpunkt der Philosophie. Eines der zentralen Wortpaare bei Buber ist das Grundwort '*Ich-Du*': "Der Mensch wird am Du zum Ich (...) und im Wechsel klärt sich, von Mal zu Mal wachsend, das Bewusstsein des gleichbleibenden Partners, das Ichbewusstsein" (Buber 1994, 32). Das gegenüberstehende Du bietet also Hilfe zum Selbstwerden (vgl. Jantzen 1990, 217). Dahinter steht die Auffassung vom Menschen als grundsätzlich soziales Wesen, womit sich deutliche Parallelen in der Philosophie Bubers zur Tätigkeitstheorie ausmachen lassen[84].

---

[81] Die Angeborenen Auslösemechanismen habe ich bereits im Punkt 2.1.2 kurz angesprochen. Dazu zählen u.a. der Greif und Saugreflex.

[82] Vgl. hierzu die Ausführungen weiter oben zur strukturellen Koppelung als zeitliche Koppelung von lebenden Systemen.

[83] Winnicott beschreibt die Schaffung der sogenannten *Übergangsobjekte*, als "Gegenstände, die beim Alleinsein an die Stelle einer emotional positiv besetzten Person treten" (Jantzen 1990, 213).

[84] Jantzen beschreibt wie sich das Bedürfnis nach Selbstverwirklichung im Bedürfnis nach Spiegelung im je anderen Menschen sowie der Menschheit niederschlägt (vgl. Jantzen 1992, 140).

Das andere Wortpaar bei Buber bildet das Grundwort '*Ich-Es*', das die Welt der Gegenstände und Erfahrungen beschreibt. "Erfahrung ist Du-Ferne." (Buber 1994, 13). "Das einzelne Du *muss*, nach Ablauf des Beziehungsvorgangs, zu einem Es werden. Das einzelne Es *kann*, durch den Eintritt in den Beziehungsvorgang, zu einem Du werden" (Buber 1994, 37). Für Buber sind dialogische Beziehungen auch zeitlich begrenzt, d.h. das Ich muss in der gegenständlichen, nicht-lebendigen Welt das Du antizipieren können.

Im *pädagogischen Dialog*, den Buber weiter beschreibt, geht es darum, zwischen dem Ich, Du und Es eine dynamische Balance zu halten (vgl. Reiser 1988, 32). Dabei ist nach Buber nicht die pädagogische Absicht, sondern die pädagogische Begegnung fruchtbar (vgl. Jantzen 1990, 218). In ihr ist im Gegensatz zu freundschaftlichen Beziehungen nur die einseitige emphatische Erfassung der Situation des anderen seitens des Erziehers möglich. Buber nennt dies die *einseitige Umfassung* (vgl. Jantzen 1990, 217). Den pädagogischen Dialog charakterisiert:

- Eine Atmosphäre des gegenseitigen Vertrauens
- Die Autonomie des Schülers
- Respektierung, Würde und Achtung des Schülers

In einer solchen Situation beginnt der Schüler seinen Anteil am Zustandekommen des Dialogs zu erkennen, der intersubjektive Dialog wird zum intrasubjektiven[85] (vgl. Jantzen 1990, 218). Im Dialog kann eine Identität im Sinne von Selbstachtung und damit auch Achtung des Anderen aufgebaut werden.

In der Tätigkeitstheorie kennzeichnet den Dialog die wechselseitige Sinnverschränkung in kommunikativ-kooperativen Beziehungen. René Spitz erweitert, dass gelungene Dialoge bzw. gegenseitige Beachtung der Eigenzeit zur Höherstrukturierung des Subjekts führen und ihm Sicherheit verleihen, Neues zu bewältigen. Buber verweist schließlich auf das direkte Verhältnis zwischen Dialog und Identität. Am Du zum Ich werden – über die Spiegelung im je anderen Menschen findet und achtet der Mensch sich selbst.

[85] Hier liegt eine weitere Parallele der buberschen Philosophie zur Tätigkeitstheorie, die beim Prozess der Tätigkeit ebenfalls von Verinnerlichung des Äußeren spricht (vgl. dazu Punkt 2.1.2).

2.1.5 Persönlichkeitsentwicklung und Identitätsbildung

Aus tätigkeitstheoretischer Sicht sind die Entfaltung der Persönlichkeit und die Herausbildung von Identität eng miteinander verknüpft. Beides ist auf das gesellschaftliche Sein des Menschen zurückzuführen, dessen Kern die Tätigkeit als Beziehungsaufnahme zur Welt darstellt. Jantzen schreibt dazu: "Die **Persönlichkeit** entwickelt sich nur über die Tätigkeit und sie existiert nur in der Tätigkeit jeweils bezogen auf das historisch vorgefundene Ensemble der gesellschaftlichen Verhältnisse" (Jantzen 1992, 111). Die **Identität** zeichnet sich "durch ein bewusstes und definiertes Verhalten des Menschen zu sich Selbst, zur eigenen Klasse und zur Gesellschaft als ganzer" aus (Auernheimer zitiert nach Jantzen 1990, 225).

Wie sich der Prozess von Persönlichkeitsentfaltung und Identitätsbildung gestaltet, soll mit Leontjews Ausführungen zur Entwicklung der Persönlichkeit dargestellt werden (vgl. Leontjew 1982, 197ff). Leontjew geht davon aus, dass die Persönlichkeit des Menschen zweimal geboren wird. Die erste Geburt beschreibt den Übergang vom Kleinkind zum Vorschulalter, in dem das *verallgemeinerte Ich* entsteht. Die zweite ist die Geburt der bewussten Persönlichkeit in der Pubertät, aus der das *reflexive Ich* hervorgeht (vgl. Jantzen 1992, 114). Im weiteren unterscheidet Leontjew in seiner Analyse drei Grundlagen der Persönlichkeit, die ich im folgenden anhand der Grafik von Kutscher veranschaulichen und erläutern werde:

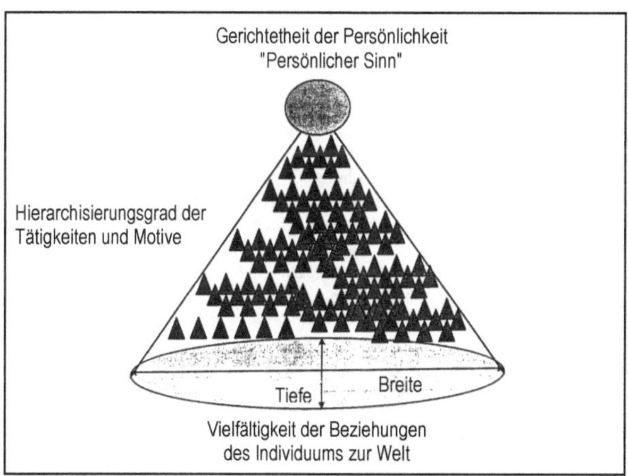

Abb. 2: Grundlagen der Persönlichkeitsbildung nach Leontjew (Kutscher 1998, 9).

Die erste Grundlage der Persönlichkeit stellt die *Vielfältigkeit der Beziehungen des Individuums zur Welt* dar. Damit sind die intensiven, differenzierten und reichhaltigen Erfahrungen des Menschen in seinem Umgang mit Gegenständen und anderen Menschen gemeint, die seine Identifizierung[86] mit diesen bewirken. Die quantitative Breite und v.a. qualitative Tiefe[87] der Beziehungen lassen Identität wachsen. Als Fundament der Persönlichkeitsentwicklung sind sie somit die Grundlagen der Identitätsbildung (vgl. Kutscher 1998, 10). "Ständig wechselnde und unzusammenhängende Erfahrungen dürften Identität eher beeinträchtigen" (Kutscher 1998, 10).

Die zweite Grundlage bildet der *Hierarchisierungsgrad der Tätigkeiten und Motive.* Wie bereits oben erläutert entstehen Motive im tätigen Austausch mit sozial vermittelter, gesellschaftlicher Wirklichkeit und leiten umgekehrt die Tätigkeit an. Im Laufe seiner Entwicklung verknüpft der Mensch nicht nur einzelne Tätigkeiten und Motive über deren psychische Widerspiegelung, sondern ordnet sie auch hierarchisch[88]. Der Hierarchisierungsgrad bezeichnet in gewisser Weise das Entwicklungsniveau[89], die Integriertheit der psychischen Abbilder, mit denen das Individuum der Welt begegnet. Die kleinen Dreiecke in der Grafik repräsentieren diese Abbilder, die sich zum einen aus der eigenen Aktivität, dem Körperselbstbild und zum anderen aus dem re-konstruierten Bild der Außenwelt aufbauen (vgl. hierzu Kutscher 1998, 10).

---

[86] Die Identifizierung mit anderen Menschen oder einer Gruppe drückt sich darin aus, dass das Individuum sich etwas von diesen aneignet; wie beispielsweise die Körperbewegung, Kleidung oder Sprache. Seine individuelle Vergegenständlichung dieser Merkmale können sich wiederum die anderen Individuen aneignen. In diesem Rückkoppelungsprozess entsteht eine *kollektive Subjektivität.* Vgl. hierzu Jantzen, der sich in seinen Ausführungen auf Mead bzw. den *symbolischen Interaktionismus* bezieht (vgl. Jantzen 1990, 220ff; 231f).

[87] Die Qualität und Tiefe einer Beziehung drückt sich darin aus, inwieweit gegenseitige Sinnaneignung und gemeinsamer Bedeutungsaufbau möglich sind.

[88] Beispielsweise lernt Felix bei der Tätigkeit des Kochens einen differenzierten Umgang mit dem Werkzeug Messer. Positive emotionale Rückmeldungen auf seine Handlung, das Schneiden, bewirken die Integration dieser Handlung in vorhandene Abbilder und eine emotionale Bewertung auf höherem Niveau. Vgl. hierzu auch die Ausführungen zu Spitz im Hinblick auf die Höherstrukturierung des Subjekts über dialogische Situationen.

[89] Leontjew beschreibt die psychische Entwicklung des Menschen anhand des Konzepts der *dominierenden Tätigkeiten* in Phasen. "Jede Stufe der psychischen Entwicklung ist durch eine bestimmte dominierende Tätigkeitsart und durch eine bestimmte dominierende Beziehung des Kindes zur Wirklichkeit gekennzeichnet" (Leontjew zitiert nach Kutscher 2000, 28). Eine ausführliche Darstellung des Konzepts der dominierenden Tätigkeiten findet sich bei Jantzen 1992, 198ff.

Je dichter die Integriertheit der Abbilder, dargestellt in den Überlagerungen der Dreiecke, desto dichter verknüpfen sich die Erfahrungen der Vergangenheit zu einer stabilen Identität (vgl. Kutscher 1998, 11). Unverbundene, isolierte Erfahrungen und Einzelfähigkeiten spielen für die Identitätsbildung keine aufbauende Rolle, "weil sie keine innere Verbindung aufweisen und dem Individuum kaum Selbständigkeit ermöglichen" (Kutscher 1998, 11).

Die dritte Grundlage beschreibt schließlich die *Gerichtetheit der Persönlichkeit*, die sich aus dem *persönlichen Sinn* ergibt. Gemeint ist die Gesamtheit der emotionalen Bewertungen bisheriger und zukünftiger Lebenstätigkeiten als persönlich sinnvoll. Eine Person erlebt ihr Handeln dann als sinnvoll, wenn sie in der Lage ist, die tätige Auseinandersetzung mit der Umwelt vorwegzunehmen und positiv bzw. negativ zu bewerten.

Positiv erworbene Lebensinhalte ermöglichen Sicherheit und Bereicherung. Negativ besetzte werden für die Identität als verunsichernd bis bedrohlich erfahren[90] (vgl. hierzu Kutscher 1998, 11). "Der persönliche Sinn organisiert die Integration von aufbauenden Lebenserfahrungen und schützt (bis zu einer gewissen Grenze) vor der Desintegration schadender Erlebnisse. Er ist also von außerordentlicher Bedeutung für die Identitätsbildung" (Kutscher 1998, 11).

Der Begriff "Gerichtetheit der Persönlichkeit" trifft, so Leontjew, nicht ganz das Gemeinte, "weil selbst dann, wenn der Mensch in seinem Leben deutlich eine führende Linie aufweist, diese nicht die *einzige* bleiben kann" (Leontjew 19982, 210). Insofern ist die Persönlickeit auch keine erstarrte Pyramide, sondern als ein dynamisches Gebilde mit verschiedenen zum Teil sich widersprechenden Motivationslinien und ebenso vielen Gipfeln zu verstehen (vgl. Leontjew 1982, 210). In der Grafik wird dies durch die kreisförmige Spitze dargestellt. Je nach Art der Beziehungen und aktuellem Raum der historischen Wirklichkeit kann eine Persönlichkeit einseitig oder vielseitig, flach oder spitz gestaltet sein.

Die Persönlichkeitsentwicklung verläuft dabei immer zutiefst individuell, ist aber abhängig von dem konkret-historischen Kontext und der Zugehörigkeit zu einem bestimmten sozialen Milieu. "Die Klassenzugehörigkeit des Subjekts bedingt direkt von Anfang an die Entwicklung seiner Beziehung zur Umwelt, den Umfang seiner praktischen Tätigkeiten, seines Umgangs, seines Wissens und der angeeigneten

---

[90] Hierzu zählen ständiges Reglementieren und Vorschriften machen, ohne dass der Mensch in seiner Person bestätigt wird.

Verhaltensnormen" (Leontjew 1982, 204). Wie aus dem oben beschriebenem Menschenbild der Tätigkeitstheorie hervorgeht, erschöpft sich die Entfaltung der Persönlichkeit aber nicht nur aus den sozialen Bedingungen, sondern auch aus den individuellen biologischen Entwicklungsmöglichkeiten bzw. dem Zusammenspiel beider Faktoren[91].

Leontjew beschäftigt sich auch mit der Frage nach dem *Selbstbewusstsein*, dem Bewusstwerden seiner Persönlichkeit. Dieses Bewusstsein wird nicht als bloßes Wissen über sich selbst verstanden, "es ist kein bloßes System erworbener Bedeutungen und Begriffe. Dem Bewusstsein ist eine innere Bewegung zu eigen, die die Bewegung von realem Leben des Subjekts widerspiegelt" (Leontjew 1982, 215). In der frühen Kindheit hat der Mensch bereits Vorstellungen und Kenntnisse über sich erworben, in dieser Phase macht er aber noch nicht sich selbst, das eigene so *Bewegt-sein*, zum Gegenstand seiner Betrachtungstätigkeit. Das Selbstbewusstsein unterscheidet sich also vom Wissen über sich selbst. Es ist das Produkt der Entwicklung des Menschen als Persönlichkeit. Das Ich, so Leontjew, ist die *Erscheinungsform tatsächlicher Beziehungen der Persönlichkeit* als ihre Ursache und Subjekt (vgl. Leontjew 1982, 216). Zur Veranschaulichung bringt er ein Beispiel von Lenin, der den Unterschied zwischen einem Sklaven, der sich mit seiner Lage abgefunden hat, zu einem rebellierenden Sklaven beschreibt: "Das ist ein Unterschied, der nicht in der Kenntnis seiner individuellen Merkmale begründet ist, sondern im Bewusstwerden seiner Selbst im System der gesellschaftlichen Beziehungen" (Leontjew 1982, 217). Mit anderen Worten liegt das Ich also nicht im Haben, sondern im *Sein*, der *inneren Bewegtheit* begründet.

Den Ursprung von Persönlichkeit und dem Bewusstsein der Identität bilden die zwischenmenschlichen Beziehungen, die dialogisch gestaltet sind. Aufgrund von Sicherheit und Bindung, die der Mensch in diesen Beziehungen erfährt, identifiziert er sich mit ihnen.

---

[91] Jantzen kritisiert daher die rein sozialisationstheoretischen Ansätze als unzureichend und reduktionistisch, da sie nur die Prozesse auf der sozialen Ebene berücksichtigen (vgl Jantzen 1992, 80).

2.1.6 Identität als Dialog und Kooperation zwischen Selbstbestimmung und Fremdanregung

Die Entfaltung von Persönlichkeit und Identität ist "*nur* in der Gesellschaft möglich, und zugleich auch *nicht* in ihr möglich" (Jantzen 1992, 111). Zum einen erleben wir die Reichhaltigkeit der Entwicklung und Kultur des Menschen in der Gesellschaft, zum anderen aber auch seine Degradierung, die Einschränkung der individuellen Möglichkeiten durch gesellschaftliche Bedingungen, welche sich in psychopathologischen Störungen auf der psychologischen und biologischen Ebene widerspiegeln (vgl. Sève bei Jantzen 1992, 270). Identität bildet sich also im Spannungsfeld von Individuation und Vergesellschaftung[92]. Dieser Zusammenhang soll anhand der Begriffe *Selbstbestimmung* und *Fremdbestimmung* erläutert werden.

Mit **Selbstbestimmung** ist in der Tätigkeitstheorie die selbstregulierte, innerlich vorweggenommene Tätigkeit eines Individuums unter der Berücksichtigung seiner Eigenzeit gemeint. Sie kennzeichnet sich dadurch, dass sie ein emotional positives Erleben der Tätigkeit erzeugt, als *sinnvoll* bewertet wird und somit zur Höherstrukturierung des Individuums führt (vgl. Kutscher 1995, 12). Selbstbestimmtes Handeln fördert die Integriertheit der Persönlichkeit und eine stabile Identität.

Der Mensch als soziales Wesen kann aber nicht nur in *reiner Selbstbestimmtheit*[93] leben, sondern ist, um sich selbst zu erkennen und zu entwickeln auf die Bereicherung von außen – die Lebendigkeit und Kultiviertheit anderer Menschen – angewiesen. In diesem Sinn ist auch die *Fremdbestimmung* als zum Erhalt des Lebens notwendig zu verstehen. Voraussetzung ist dafür, dass sie eine Bereicherung für das Individuum darstellt, die es sich selbstbestimmt aneignen kann. Im folgenden werde ich diese Form von *verantwortungsvoller Fremdbestimmung* als **Fremdanregung** bezeichnen.

---

[92] Vgl. hierzu auch die Arbeiten Goffmans zum *symbolischen Interaktionismus*. Goffman beschreibt die Konstituierung von Ich-Identität (Selbstkonzept) als einen Vermittlungsprozess zwischen *persönlicher Identität* und *sozialer Identität* (Fremdbild bzw. geglaubtes Fremdbild) (vgl. Goffman 1975).

[93] In reiner Selbstbestimmtheit ohne Bereicherung von außen findet keine Entwicklung statt. Das Individuum ist in psychologischer Hinsicht isoliert. Selbstgewählte Isolation ist daher Ausdruck verinnerlichter Entfremdung, da sie der Selbsterhaltung lebendiger Organismen widerspricht (vgl. hierzu Jantzen 1992, 260ff). Die Begriffe Entfremdung und Isolation werde ich weiter unten behandeln.

Im Bezug auf das Lernen beschreibt Wygotski die *Kooperation in der Zone der nächsten Entwicklung* folgendermaßen: "Was das Kind heute in Zusammenarbeit und unter Anleitung" – nicht Anweisung – "vollbringt, wird es morgen selbständig ausführen können" (Wygotski zitiert nach Jantzen 1990, 222). Als Beispiel dafür kann die oben beschriebene gelungene Kochsituation mit meinem Neffen Felix gelten. In der Zusammenarbeit am gemeinsamen Gegenstand haben wir uns beide informativ und sinnlich bereichert.

Situationen der **Fremdbestimmung** im engeren Sinn führen allerdings dazu, dass keine selbstregulierte Tätigkeit ablaufen kann und somit auch keine Orientierung – innerliche Vorwegnahme der Tätigkeit und ihres Ergebnisses – des Individuums mehr möglich ist. In diesem Sinn erzeugt *Fremdbestimmung* negative Gefühle (vgl. Kutscher 1995, 12). Das eigene Tun wird als *sinnlos* erlebt, infolge dessen wird diese Erfahrung nicht in die bisherigen integriert, es findet keine Höherstrukturierung des Individuums statt.

Auf der *sozialen* bzw. *gesellschaftlichen Ebene* drückt sich Fremdbestimmung in Bedingungen der **Entfremdung** aus. Der Begriff *Entfremdung*[94] beschreibt, so Jantzen, Verhältnisse zwischen Individuum und Gesellschaft, welche die Entfaltung des Individuums und der Gesellschaft verhindern. Diese gesellschaftlichen, sozialen oder historischen Verhältnisse nehmen im Bewusstsein des Individuums den Charakter von naturhistorisch gewordenen oder schon immer gegebenen Dingen an (vgl. Jantzen 1992, 269).

Nach Leontjew bedeutet *Entfremdung* das Auseinanderfallen von Sinn und Bedeutung. Er veranschaulicht dieses Phänomen an den Aussagen von Marx zur Lohnarbeit in der Warengesellschaft. Der Lohnarbeiter produziert eine Ware wie beispielsweise das Auto, die eine objektive gesellschaftliche Bedeutung trägt. Der Arbeiter vergegenständlicht sich zwar in dem Produkt, aber das Produkt – der Gegenstand der Tätigkeit – ist nicht zugleich sein Motiv. Das Motiv und damit der persönliche Sinn seiner Tätigkeit liegt nicht im Montieren, Schrauben und Bauen, sondern im Verdienen. Für den Arbeiter hat das Produkt Auto nicht den Sinn vom Auto als Fortbewegungsmittel (vgl. Leontjew 1982, 145f).

---

[94] Mit diesem Begriff ist nicht nur die ökonomische Entfremdung gemeint, deren Kern die kapitalistische Ausbeutung bildet. Wie sich im Laufe der Geschichte verschiedene Gesellschaftsformen herausgebildet haben, so entwickelten sich auch verschiedene Formen der Entfremdung (vgl. Jantzen 1992, 268f).

Eine ähnliche Situation findet häufig in der Schule statt, wenn der Schüler das Schreiben nicht um des Schreibens willen als Kommunikationswerkzeug lernt, sondern um der guten Note willen. Sinn und Bedeutung des Schreibens fallen hier auseinander, der Schüler hat das Schreiben nicht als persönlich sinnvoll erlebt. Der persönliche Sinn kann "unter diesen Bedingungen keine ihn adäquat verkörpernde Bedeutung finden und beginnt gleichsam in fremden Kleidern zu leben" (Leontjew 1982, 149).

Entfremdung tritt in kooperativen Beziehungen[95] nicht auf, sondern nur in Konkurrenzverhältnissen. Sie tritt dann auf, wenn Menschen verdinglicht bzw. verobjektiviert werden, zum Mittel der Zweckerreichung anderer (vgl. hierzu Kutscher 2000, 27 u. 59). Sève schreibt, *Entfremdung* bedeutet: "Versachlichung der Personen und gleichzeitig Personifizierung der Sachen" (Sève 1978, 18).

Auf der *psychologischen* und *biologischen Ebene* spiegeln sich die Bedingungen der Entfremdung als Bedingungen der **Isolation**[96] wider. *Isolation* kann einerseits bedeuten, dass die Aneignung der äußeren Wirklichkeit bzw. Informationsverarbeitung nicht gelingt. Das Individuum kann sich nicht orientieren und damit auch keine gelingende Tätigkeit vorwegnehmen, dies löst Angst aus (vgl. Kutscher 1998, 12). Andererseits ist das Individuum isoliert, wenn es sich nicht angemessen vergegenständlichen kann, z.B. bei ständiger Reglementierung und Vorschrift. Dies löst Aggression aus als Signal drohender Isolation (vgl. Kutscher 1999, 37ff).

Die *innere Isolation* des Individuums kann pathologische Formen annehmen, wenn sie verdrängt wird und keine bewusste Auseinandersetzung mit ihr in Kooperation mit anderen Menschen (Gespräche, Beratung, Therapie) stattfindet. Die innere Reproduktion der Isolation zeigt sich in zwei Störungsdimensionen:

Nach *innen* durch psychosomatische Reaktionsbildungen, nach *außen* durch den Rückgriff auf vertraute Handlungen (niedrigeres Niveau) zur Selbststabilisierung in Form von Zwangshandlungen bzw. Stereotypien (vgl. Kutscher 1998, 12)[97]. Schwere

[95] Wie unter Punkt 2.1.3 beschrieben finden gelingende Sinnbildungsprozesse und Bedeutungsaufbau nur unter Bedingungen der Kooperation und des Dialogs statt.

[96] Isolation wirkt sich auf die Tätigkeit des Subjekts aus und kennzeichnet sich auf der Wahrnehmungsebene als sensorische Deprivation, Überstimulation oder Aufnahme widersprüchlicher Informationen (vgl. Jantzen 1992, 283).

[97] Vgl. hierzu die Ausführungen von Jantzen, der sich bei seinen Hospitalismusforschungen u.a. auf Spitz (Der entgleisende Dialog) bezieht (vgl. Jantzen 1992, 280ff).

Isolationskrisen können massive traumatische Umbildungen der Persönlichkeitsstruktur zur Folge haben (vgl. Jantzen 1992, 285). Jantzen stellt fest, dass "als notwendige Bedingung für die Enfaltung von Widerstandskraft gegen isolierende Bedingungen (...) auf *befriedigende und emotional positiv bewertete Formen der Kooperation* zurückgegriffen werden muss" (Jantzen 1992, 283).

Kooperation und damit auch Dialog bezeichnen also Formen der Vermittlung zwischen der *Selbstbestimmung* des Individuums und der *Fremdanregung* durch die Gesellschaft. In *dialogisch-kooperativen* Beziehungen bereichert sich das Individuum von außen sinnlich und informativ und erlebt dabei sein Tun als emotional positiv und sinnvoll; dies bewirkt die Bildung einer stabilen Identität.

2.2 Der Dialog bei Paulo Freire

2.2.1 Zur Person Paulo Freire

Paulo Freire, 1921 in Brasilien geboren[98], ist einer der bedeutendesten Volkspädagogen unserer Zeit. Aufgrund der schwierigen politischen Verhältnisse und krassen sozialen Unterschiede in seinem Land hat er eine **Pädagogik der Unterdrückten als Praxis der Freiheit** entwickelt.

Freire stammt aus dem Nordosten Brasiliens – dem Armenhaus des ansonsten reichen Landes. Die Erfahrung der Armut und Ungerechtigkeit, die er sowohl in seiner Kindheit als auch in der Alphabetisierungsarbeit mit brasilianischen Bauern auf dem Land (1961-1964) erlebt hat, haben sein Leben und seine Arbeit geprägt. Ausgehend von der Entdeckung einer *Kultur des Schweigens* unter der armen Bevölkerung, die für Freire aus der Hoffnungslosigkeit angesichts totaler Unterdrückung resultiert, schreibt er: "Erziehung kann niemals neutral sein. Entweder ist sie ein Instrument zur Befreiung des Menschen, oder sie ist ein Instrument seiner Domestizierung, seiner Abrichtung für die Unterdrückung" (Freire 1973, 13).

Freire fordert die Humanisierung einer enthumanisierten Gesellschaft mittels der *dialogischen Aktion* (vgl. Freire, 1973, 71ff). Dafür hat ihn 1964 das durch einen Putsch an die Macht gekommene Militärregime verhaftet. In seiner Gefangenschaft und im anschließenden Exil in Chile hat er sein weltweit bekannt gewordenes Werk "Erziehung als Praxis der Freiheit" geschrieben. Während seiner 16jährigen Exilszeit hat er sich unermüdlich der Bildung Benachteiligter als UNESCO Beauftragter in Chile, als Gastprofessor an der Havard University und beim Ökumenischen Weltrat der Kirchen in Genf gewidmet. 1980 kann Freire nach Brasilien zurückkehren. Bis zu seinem Tod 1997 hat er in der Lehre und Bildungspolitik der Metropole São Paulo gearbeitet. Seine Gedanken und Methoden zur Befreienden Bildungsarbeit – deren zentrales Prinzip der Dialog ist – sind weltweit bekannt und angewendet worden.

[98] Vgl. zu den biographischen Angaben zu Freire Simpfendörfer 1991, 4ff.

2.2.2 Monolog als Herrschaftsinstrument

Die herrschende Klasse, welche nur eine Minderheit in der Gesellschaft darstellt, schafft und erhält ihre Vorherrschaft, so Freire, mit Hilfe der Theorie der **antidialogischen Aktion** (vgl. Freire 1973, 105f). Die Unterdrückung der Mehrheit der Bevölkerung durch die Herrschenden findet sich auf vielen Ebenen des gesellschaftlichen Alltags wieder, so auch in Bildung und Erziehung. Die Bildungspraxis der Herrschenden ist, laut Freire, ein Domestizierungsprozess nach der Methode des **Bankiers-Konzepts** (vgl. Freire 1973, 57).

Er vergleicht in diesem Bild des *Bankiers-Konzepts* die Schüler mit *Anlage-Objekten* bzw. *Containern*, die vom Lehrer, dem *Anleger*, gefüllt werden. "Statt zu kommunizieren, gibt der Lehrer Kommuniqués heraus, macht er Einlagen, die die Schüler geduldig entgegennehmen, auswendig lernen und wiederholen" (Freire 1973, 57). Während der Lehrer das Subjekt dieses Lernprozesses ist, werden die Schüler zu bloßen Objekten gemacht, anpassbare und beeinflussbare Wesen, ihrer Kreativität beraubt[99] (vgl. Freire 1973, 58f). Das Ziel des *Bankiers-Konzepts* ist es, das selbständige Denken auszuschalten, so dass das Bewusstsein sinnentleert ist (vgl. Freire 1973, 61).

Freire kritisiert, dass die *antidialogische Aktion* zur Enthumanisierung der Gesellschaft führt. Der Mensch wird seiner Menschlichkeit beraubt, indem er nur noch Zuschauer und nicht selbst Schöpfer ist (vgl. Freire 1973, 61). "Denn ohne selbst zu forschen, ohne Praxis, können Menschen nicht menschlich sein"[100] (Freire 1973, 58). Hinter der Theorie der unterdrückerischen Aktion steht ein mechanistisches Menschenbild, das vom Menschen als Objekt ausgeht. In Anlehnung an Fromm nennt Freire diese Menschen *Nekrophilie*, die nur eine Beziehung zu einem Gegenstand oder anderen Menschen eingehen, indem sie diese zu ihrem Besitz machen (vgl. Freire 1973, 62).

Ein weiteres Mittel zur Unterwerfung der Mehrheit der Bevölkerung durch die herrschende Minderheit liegt in der *Mythologisierung* der Welt, "die jede Darstellung der Welt als Problem ausschließt und sie statt dessen als starre Größe zeigt" (Freire 1973, 117). Anstelle der wirklichen Kommunikation treten die **Mythen**, welche die

---

[99] Auch bei uns suggerieren die Lehrpläne der Schulen, dass den Schülern ein objektiv messbares Wissen vermittelt bzw. eingetrichtert werden müsse (vgl. den sprichwörtlichen Nürnberger Trichter).

[100] Diese Auffassung Freires vom Menschen zeigt eine Parallele zum Menschenbild in der Tätigkeitstheorie (vgl. Punkt 2.1.2 Tätigkeit als Existenzform des Menschen).

Unterdrücker schaffen. Dazu zählt z.B. der Mythos, dass jedermann ein Recht auf Arbeit hat (vgl. Freire 1973, 118). Dadurch, dass die Unterdrückten anfangen diese Mythen zu glauben, internalisieren sie die Unterdrückung[101]. Freire schreibt dazu, die Unterdrückten "werden zu zwiespältigen Wesen, die einen anderen 'behausen'" (Freire, 1973, 117). Der Unterdrückte identifiziert[102] sich mit seinem Unterdrücker, er wird zum *Sub-Tyrannen*, für den Mensch sein heißt, Unterdrücker zu sein, weil dies sein Modell von Menschlichkeit ist (vgl. Freire, 1973, 33). "Durch diese symbolische Teilnahme am Leben eines Anderen haben die Menschen die Illusion des Handelns[103]" (Fromm zitiert nach Freire 1973, 63). Freire nennt dies die **kulturelle Invasion**, durch welche die Unterdrückten ihre eigenen Werte, Normen und Ziele zugunsten denen der Unterdrücker aufgeben (vgl. Freire 1973, 130). Siebert bezeichnet dies in treffender Weise als Kolonialisierung des Bewusstseins (vgl. Siebert 1998, 77).

Die *antidialogische Aktion* verhindert Kreativität, domestiziert den Menschen und isoliert sein Bewusstsein von der Welt. Indem der unterdrückte Mensch im *Bankiers-Konzept* der Erziehung zum Automaten gemacht wird, berauben ihn die Unterdrücker seiner wesensmäßigen Bestimmung als Mensch.

2.2.3 Dialog als Praxis der Befreiung

Im Gegensatz zur *antidialogischen Aktion* der Herrschenden setzt Freire die **dialogische Aktion**, deren Ziel die Befreiung der Unterdrückten von der mythologischen Realität[104] ist (vgl. Freire 1973, 148). In der *dialogischen Aktion* entwickeln die Unterdrückten ein kritisches Bewusstsein, erkennen die ungerechte Wirklichkeit und begreifen ihre eigene Anpassung. In diesem emanzipatorischen Prozess der Bewusstwerdung (auf portugiesisch: *concientização)* entdecken sie sich

---

[101] In der Tätigkeitstheorie wird für dieses Phänomen der Begriff verinnerlichte Entfremdung bzw. Isolation verwendet (vgl. Punkt 2.1.6).

[102] Auch Freire sieht offensichtlich einen Zusammenhang zwischen dem Charakter menschlicher Beziehungen und der Identitätsbildung.

[103] Vgl. hierzu Leontjews Aussage über den Sinn, der in fremden Kleidern wohnt (vgl. Punkt 2.1.6).

[104] In seinem letzten Werk "Pedagogia da Autonomia" stellt sich Freire explizit die Frage, wie der Sprache der Medien, welche die wirkliche Welt häufig verschleiert darstellen, kritisch begegnet werden kann. Dabei weist er daraufhin, dass die Auseinandersetzung von erkenntnistheoretischem Interesse geleitet sein sollte, welches die Medien weder als Teufelswerk verdammt, noch in ihnen die reine Wahrheit sucht (vgl. Freire 1999, 157f).

selbst als Person und werden zu verantwortlichen Subjekten ihrer eigenen Geschichte und ihres Handelns (vgl. Freire 1973, 149). Nicht nur die Unterdrückten auch die Unterdrücker müssen von ihrem "unmenschlich sein" befreit werden.

In diesem Sinn bedeutet Befreiung die **Praxis des Dialogs**. Um sich dem Wesen des Dialogs zu nähern, betrachtet Freire zunächst sein konstitutives Element: *das Wort*. "Im Wort begegnen sich zwei Dimensionen: der *Reflexion* und der *Aktion* in so radikaler Interaktion (...). Es gibt kein wirkliches Wort, das nicht gleichzeitig Praxis wäre. Ein wirkliches Wort sagen heißt daher, die Welt verändern" (Freire 1973, 71). Ohne Aktion ist das Wort entfremdetes "Blabla", bloßer Verbalismus. Ohne Reflexion wird das Wort in leeren Aktionismus verkehrt (vgl. Freire 1973, 71). Das *wirkliche Wort* sagen, ist fundamentales Recht des Menschen.

"Dialog ist", so Freire, "die Begegnung zwischen Menschen, vermittelt durch die Welt, um die Welt zu benennen"[105] (vgl. Freire 1973, 72). Dialog kann also nur zwischen Subjekten stattfinden, die sich gegenseitig ihr Recht zugestehen. In dieser Weise gibt der Dialog dem Menschen seinen existentiellen Sinn als Mensch (vgl. Freire 1973, 72). "Das dialogische *Ich* jedoch weiß, dass es eben das *Du* (das "Nicht-Ich") ist, das seine eigene Existenz ins Leben gerufen hat. Es weiß auch, dass das *Du*, das seine eigene Existenz ins Leben ruft, seinerseits ein *Ich* bildet, das in seinem *Ich* sein *Du* hat. Das *Ich* und das *Du* werden in der Dialektik dieser Beziehung zwei "Du", die zwei "Ich" werden" (Freire 1973, 143). Freire, der sich hier wohl auf Bubers Gedanken "Am *Du* wird der Mensch zum *Ich*" bezieht, sieht ebenfalls den zwischenmenschlichen Dialog als konstituierend für die Bildung von Identität[106].

In diesem Zusammenhang spielen auch die *Liebe* als Begründung, *gegenseitige Demut*, der *Glaube an den Menschen* als Voraussetzung, das *Vertrauen* als Konsequenz und die *Hoffnung* als existentielle Notwendigkeit des Dialogs eine bedeutende Rolle (vgl. Freire 1973, 73ff). Im Dialog zeigt sich die wirkliche Kommunikation; Gegenstand des kommunikativen Handelns ist nicht der Mensch, sondern die Welt (vgl. Freire 1973, 77). In der Kommunikation enthüllen die Menschen die Welt, sie wird zum Erkenntnisgegenstand des *kritischen Denkens*, das die Wirklichkeit als Transformation begreift (vgl. Freie 1973, 75). Dieser Prozess kann aber nur auf der Grundlage von *Kooperation* stattfinden, welche durch

[105] Vgl. hierzu die Aussagen der Tätigkeitstheorie: Die gemeinsame gegenständliche Tätigkeit vermittelt zwischen Mensch und Welt bzw. Mensch und Mensch (vgl. Punkt 2.1.2 u. 2.1.3).

[106] Vgl. hierzu die Ausführungen zum Dialog bei Buber unter Punkt 2.1.4 sowie zur Persönlichkeitsentwicklung und Identitätsbildung in der Tätigkeitstheorie (vgl. Punkt 2.1.5).

Gemeinschaft erzeugt wird. Nur wenn die Menschen zu Subjekten werden, kann sich Kooperation als Charakteristikum dialogischer Aktion ereignen[107] (vgl. Freire 1973, 143f).

Als Konsequenz aus der Kooperation muss in der befreienden Erziehungsarbeit der Lehrer-Schüler Widerspruch aufgelöst werden. Im Dialog, dem zentralen Prinzip Freires Pädagogik, wird der Lehrer der Schüler zum Lehrer-Schüler und die Schüler des Lehrers zu Schüler-Lehrern. Der Lehrer lehrt nicht nur, sondern er wird auch von den Schülern belehrt und umgekehrt. Im Dialog sind alle Beteiligten für das Gelingen des Lernprozesses verantwortlich und begreifen sich als Partner (vgl. Freire 1973, 65). Dieser Auffassung des Lehrer-Schüler Verhältnisses liegt ein Denken zu Grunde, dass wir aus neueren Ansätzen in der Pädagogik und Psychologie[108] kennen: "Der Lehrer kann nicht für seine Schüler denken, noch kann er ihnen sein Denken aufnötigen. Echtes Denken findet nicht im Elfenbeinturm der Isolierung statt, sondern nur im Vorgang der Kommunikation"[109] (Freire 1973, 62).

Freire fordert also eine Bildung als Praxis der Freiheit, deren Ausgangspunkt nur die konkrete Realität der Schüler darstellen kann, die Schüler und Lehrer gemeinsam mittels der *problemformulierenden Methode* reflektieren. Resultat der Reflexion ist die Aktion, das Verändern der Welt. Denken und Handeln sind so stets aufs engste miteinander verknüpft (vgl. Freire 1973, 67).

In der problemformulierenden Methode benennen und erkennen die Schüler die Welt – ihre existentielle Lebenssituation – als Problem. Freire nennt dies die Untersuchung des *thematischen Universums* der Bildungsarbeit (vgl. Freire 1973, 79). Daraus kristallisieren sich die *generativen Themen*, die spezifischere Probleme darstellen. Sie enthalten *Grenzsituationen*[110] des Lebens, die durch ihre Benennung und Reflexion

---

[107] Auch für Freire hängen Kooperation und Dialog offensichtlich untrennbar zusammen. Vgl. hierzu die Tätigkeitstheorie, welche die Funktionen von Kooperation und Dialog in ihrer Einheit stärker voneinander abgrenzt, als Freire dies tut (vgl. Punkt 2.1.4).

[108] Vgl. hierzu v.a. systemisch-konstruktivistische Ansätze in Pädagogik und Psychologie, welche die traditionellen Kontsruktionen von Lernen und Lehren kritisch hinterfragen. Sie setzten diesen eine neue Sichtweise vom Menschen als erkennendes System, das sich ein eigenes Bild der Wirklichkeit konstruiert, entgegen (vgl. Balgo 1998b, 59). Weitere Ausführungen hierzu bei Glasersfeld 1997; Reich 1996.

[109] In den Aussagen Freires lassen sich Parallelen zu Leontjew finden, der in der gegenständlichen Tätigkeit – bei Freire das Benennen der Wirklichkeit – und in der Kommunikation – bei Freire der Dialog – die zentralen Punkte menschlicher Beziehungsaufnahme zur Welt sieht (vgl. dazu Punkt 2.1.3).

[110] Jede Epoche ist "durch einen Komplex von Ideen, Konzepten, Hoffnungen, Zweifeln, Werten und Herausforderungen gekennzeichnet" (Freire 1973, 84). Klafki bezeichnet diese Themen als

zur Aufgabe des Menschen werden (vgl. Freire 1973, 85). Siebert schreibt dazu: "Nicht das schnelle Antworten ist die größte Lernherausforderung, sondern die Verständigung über relevante, lebenswichtige Fragen" (Siebert 1998, 76). Die Erarbeitung der generativen Themen beschreibt Freire in drei didaktischen Schritten: der *Problemformulierung*, dem *Kodierungs-* und *Dekodierungsprozess* (vgl. dazu Freire 1973, 87ff). Generative Themen beziehen sich nie auf den Menschen, sondern auf die Beziehung des Menschen zur Welt und zum anderen[111]. Dadurch ist der Mensch nie nur Objekt, sondern immer zugleich Subjekt des Erkenntnisprozesses.
Dialogische Bildungsarbeit verlangt vom Lehrer eine Haltung der Offenheit gegenüber der Welt, insbesondere gegenüber der Realität und dem Denken der Schüler. Offenheit auch in dem Sinn, dass sich der Lehrer selbst als unfertiger Mensch versteht mit Fehlern, Fragen und Zweifeln, die er auch gegenüber den Schülern äußern soll (vgl. Freire 1999, 153f). Nur so kann der spiralenförmige Prozess der Entwicklung im Fluss bleiben. Hier wird auch Freires Menschenbild deutlich, der den Menschen als ein historisches Wesen im Prozess des Werdens begreift.

Das Anliegen der Befreienden Pädagogik Freies ist es, die Unmenschlichkeit des Alltags einer unterdrückten Gesellschaft menschlicher zu gestalten. Dabei sollen sowohl Unterdrückte als auch Unterdrücker sich selbst befreien. Dieser Befreiungsprozess kann nur in der dialogischen Aktion, in der sich die Menschen als Subjekte begegnen und achten, stattfinden. Im Dialog vollzieht sich ein Bewusstseinsprozess, in dem die Wirklichkeit von den Mythen der Herrschenden enthüllt und als Problem begriffen wird. Aus dieser Reflexion folgt unweigerlich die Aktion, die Veränderung der Mensch-Welt und Mensch-Mensch Beziehung. Nur im Dialog mit dem anderen begreift der Mensch sein Ich und wird seinem Wesen als Mensch gerecht, der erkennend und handelnd auf die Welt zugeht.

"epochale Schlüsselprobleme", welche in unserer heutigen Gesellschaft u.a. in der Biogentechnik und Ethik, der Geschlechter- und Umweltfrage, der Verteilung von Reichtum und Arbeit sowie dem Umgang mit Massenkommunikationsmedien liegen.

[111] Auch in der Tätigkeitstheorie steht die Mensch-Welt und Mensch-Mensch Beziehung im Mittelpunkt (siehe oben).

2.3 Wirklichkeiten enttarnen – gelungene und gestörte Dialoge

Wie aus den bisher dargestellten Zugängen zum Dialog und zur Identitätsbildung aus tätigkeitstheoretischer Sicht und den philosophisch-pädagogischen Gedanken Paulo Freires hervorgeht, bilden gelungene Dialoge zwischen Menschen die Voraussetzung zur Bildung einer stabilen Identität. Besonders Buber, auf den sich sowohl Jantzen als auch Freire beziehen, hebt die Bedeutung des zwischenmenschlichen Dialogs als das zentrale Merkmal des Mensch-*sein* und Identität-*werden* hervor.
Auf dieser Basis sollen im Hinblick auf die Untersuchung der Praxis des Theaters der Unterdrückten abschließend charakteristische Merkmale und Strukturen gelungener bzw. gestörter Dialoge dargestellt werden. Diese Kennzeichen stellen keine Gesetzmäßigkeiten dar, sondern sind eher als Regelmäßigkeiten zu verstehen. In konkreten Beziehungen sind die einzelnen Merkmale vom Dialog nicht so analytisch voneinander zu trennen; ebenfalls können Momente von gelungenen und gestörten Dialogen innerhalb einer Beziehung auftreten.

Gelungene Dialoge charakterisieren sich durch folgende Merkmale:

- Die gemeinsame Tätigkeit bzw. das kommunikative Handeln zweier oder mehr Menschen bezieht sich auf einen *gemeinsamen Gegenstand.*
- Dabei ist eine ausreichende *Selbstbestimmung* aller Beteiligten gesichert. Die jeweiligen individuellen Ziele, Pläne und Eigenzeiten werden in der gemeinsamen Tätigkeit berücksichtigt; jeder kann sich nach seinen Möglichkeiten und Bedürfnissen darin einbringen.
- Die *Fremdanregung* aller Beteiligten ist gegeben. Die sozialen Bedingungen des Dialogs gestalten sich so, dass sie für jeden angemessene Neuheit und Vertrautheit enthalten. Auf dieser Basis ist ein *gegenseitiger Austausch* möglich, bei dem jeder Beteiligte durch den anderen bereichert wird. Die Bereicherung ist auf zwei Ebenen gegeben:
    a) *Inhaltlich* bzw. thematisch durch das individuelle Wissen über die Welt, das jeder Beteiligte einbringt.
    b) *Sinnlich* bzw. emotional durch die lebendige und wahrhaftige Teilnahme eines jeden Beteiligten.

Gelungene Dialoge charakterisieren sich durch *kooperative* Strukturen:
Kooperation bedeutet die Koordination der gemeinsamen Tätigkeit am gemeinsamen Gegenstand. Dies findet seinen Ausdruck durch:

- Gegenseitiges Darlegen und Koordinieren der individuellen Ziele, Pläne und Werte zu Gunsten kollektiver Konstruktionen.
- Möglichkeit der Mitsprache und damit auch Orientierung für jeden Beteiligten
- Übernahme von Verantwortung eines jeden Beteiligten für das Gelingen der kooperativen Tätigkeit.
- Die Koordination der jeweiligen Eigenzeiten der Beteiligten bewirken eine positive emotionale Bewertung und *dynamische* Beziehungsstrukturen.
  a) Auf der Inhaltsebene ist die Offenheit für Veränderungen in der Planung und Durchführung der Tätigkeit gegeben.
  b) Auf der Beziehungsebene haben Störungen Vorrang; Konflikte und negative Gefühle werden aufgefangen und bearbeitet.

Gelungene Dialoge äußern sich bei den Beteiligten in *positiven Gefühlen*:
Ich fühle mich eigenständig handelnd, beteiligt, von den anderen verstanden, respektiert und bereichert. Die gemeinsame Tätigkeit mit den anderen macht mir Spaß, ich freue mich schon auf weitere Zusammenarbeit. Im Dialog treten besondere Situationen auf, die uns verbinden und an die wir uns gern erinnern. Dabei werden beispielsweise sprachliche Ausdrücke ritualisiert; sie erlangen über ihre Alltagsbedeutung hinaus für uns eine besondere Bedeutung. Im gemeinsamen Arbeitsprozess entstehen Vertrauen und Sympathien für andere; daraus können sich bei weiteren gemeinsamen Tätigkeiten Freundschaften entwickeln.

In **gestörten Dialogen** lassen sich einerseits allgemeine Merkmale und Strukturen, andererseits verschiedene spezifische Kategorien feststellen, die teilweise getrennt voneinander auftreten. Zunächst werden die allgemeinen Merkmale, durch die *gestörte Dialoge* charakterisiert werden, beschrieben. Dabei werden die Folgen des gestörten Dialogs v.a. aus der Perspektive, der in negativer Weise Betroffenen dargestellt:

- Die dynamische Balance zwischen Selbstbestimmung und Fremdbestimmung ist nicht gegeben. In gestörten Dialogen strebt die Beziehung dauerhaft auf einen der beiden Pole zu.

- Es ist weder das gemeinsame Handeln, noch der gemeinsame Gegenstand vorhanden.
- Die Orientierung und die Vorwegnahme auf ein positiven Endergebnis der einzelnen Handlungen ist nicht möglich.
- Die eigenen Ziele, Pläne und Werte werden vom Gegenüber nicht berücksichtigt. Somit findet auch kein Aufbau kollektiver Ziele, Pläne und Werte statt.
- Fremdanregung findet nicht oder nur zu einem geringen Teil statt.
- Die Eigenzeit des Menschen wird nur bedingt beachtet; dies richtet sich gegen seine Selbstorganisation und wird emotional negativ bewertet.
- Da entweder keine oder zu viel Vertrautheit, zu viel oder keine Neuheit gegeben sind, finden kein gegenseitiger Austausch bzw. inhaltliche und sinnliche Bereicherung durch den anderen statt. Insofern ist die Selbsterhaltung des Menschen gefährdet.

Die allgemeinen Strukturen des gestörten Dialogs sind folglich nicht kooperativ. Es kommt zu keiner Koordination der Beteiligten im Hinblick auf eine gemeinsame Tätigkeit. Es ist keine Offenheit für Veränderungen oder Störungen vorhanden. In diesem Sinn sind die Beziehungsstrukturen als relativ *starr* zu bezeichnen.

Neben diesen allgemeinen Merkmalen und Strukturen weisen **gestörte Dialoge** auch spezifische Kategorien auf, die sich zum Teil ausschließen oder zusammen auftreten können. Im folgenden werden drei Kategorien unterschieden: *Dominanz, Konkurrenz* und *Individualismus.*

A) Charakteristische Merkmale für **Dominanzverhalten** in gestörten Dialogen sind:

- Die *fehlenden Selbstbestimmungsmöglichkeiten* derer, die dominiert werden.
- Die *verantwortungslose Fremdbestimmung* durch eine oder mehrere dominierende Personen[112].

Die Strukturen in *Dominanzverhältnissen* sind geprägt von der zielgerichteten Beeinflussung der Dominierten durch die Dominanten. Gegenüber den Reaktionen der Dominierten zeigen sich diese Strukturen als unveränderlich. Das Verhältnis ist durch eine einseitige Abhängigkeit gekennzeichnet.

In solchen fremdbestimmten Situationen erleben die von Dominanzverhalten Betroffenen *negative Gefühle* und *Affekte*.

Situationen, die ich mit meinen gegenwärtigen Handlungsstrukturen nicht bewältigen kann, überfordern mich. Ich werde orientierungslos in meinem Handeln. Durch diese nicht zu bewältigende Neuheit, entsteht eine psychische Isolationssituation. Ich reagiere mit Angst und ziehe mich in mich zurück.

In Situationen, in denen an ich meiner Selbstverwirklichung in Form von mir sinnhaften Tätigkeiten gehindert werde z.B. durch Verbote oder Zwänge, verliere ich meine Handlungsordnung. Um mich gegen diesen Sinnverlust zu wehren, reagiere ich mit unkontrollierter bisweilen destruktiver Aktivität. Ich werde wütend bis aggressiv[113].

Es gibt verschiedene Möglichkeiten, langfristig mit solchen Situationen der Fremdbestimmung umzugehen:

Ich passe mich der Situation an, werde also in meinem Handeln fremdbestimmt. Um wieder meine Handlungsorientierung und eine sinnhafte Beziehung zur Welt herzustellen, suche ich mir ein anderes sinnvolles Handlungsziel in der Situation z.B. materielle oder ideelle Belohnung[114].

Ich versuche, die Situation zu verändern und leiste Widerstand[115]. Dies gelingt mir allerdings nur, wenn ich die erfahrene Fremdbestimmung bzw. Isolation in dialogisch-kooperativen Beziehungen mit anderen bearbeiten kann.

---

112 Aus der fehlenden Selbstbestimmung und der verantwortungslosen Fremdbestimmung ergeben sich die oben aufgeführten allgemeinen Merkmale von gestörten Dialogen aus der Sicht der von Dominanz betroffenen Beteiligten.

113 Durch den Verlust der Aneignung von Welt oder der Vergegenständlichung des Menschen in der Tätigkeit entsteht eine psychische Isolationssituation. Die dargestellten Reaktionen sind nicht bewusst gesteuerte Schutzmechanismen des Organismus. Sie sind als Versuch der sinnhaften Beziehungsaufnahme zur Welt zu verstehen. Gelingt diese nicht, kann es aufgrund dauerhafter Isolation zu Depressionen und totalem Orientierungsverlust kommen. Der Organismus versucht sich in Folge dessen durch den Rückgriff auf hochvertraute Bewegungsformen (Stereotypien) selbst zu stabilisieren (vgl. dazu Punkt 2.1.6).

114 Manche Menschen entscheiden sich selbst für die Rolle des Dominierten, da es ihnen bequemer erscheint, sich führen zu lassen und keine Verantwortung für das Gelingen der Beziehung zu übernehmen. Dieses Verhalten könnte ein Ergebnis verinnerlichter Entfremdung sein, wie es Paulo Freire treffend eine Kultur des Schweigens genannt hat.

115 Hierin liegt auch das Ziel des Theaters der Unterdrückten; im Forumtheater soll mit Hilfe der Interventionen dieser Widerstand erprobt werden. Widerstand kann auf unterschiedlichen Ebenen geleistet werden. Entweder ich trete ebenfalls dominant auf, das könnte zu Konkurrenz führen. Oder ich begegne der Dominanz des anderen selbstbewusst dialogisch, dadurch könnte sein dominantes Verhalten aufgebrochen werden; dann würde er menschlich, d.h. verletzlich werden.

Gestörte Dialoge rufen bei den Dominierenden kurzfristig positive *Affekte* hervor, weil sie in der Herrschaft über andere Selbstbestätigung finden. Langfristig fühlen sie sich aber nicht befriedigt, da keine positive Bereicherung der eigenen Person erlebet wird[116]. Da sich dieser Zustand gegen die Selbsterhaltung richtet, leiden diese Menschen häufig nicht-bewusst unter der Beziehungslosigkeit.

B) Charakteristische Merkmale für **Konkurrenzverhalten**[117] in gestörten Dialogen sind:

- Von außen betrachtet scheint es, dass die Beteiligten selbstbestimmt handeln. In Konkurrenzbeziehungen fallen jedoch Sinn und Bedeutung der Handlungen auseinander, d.h. der Mensch ist *fremdbestimmt*. Der subjektive Sinn der Handlung liegt nicht in ihr selbst (der objektiven Bedeutung), sondern im Konkurrenzkampf, der Abgrenzung zum anderen (vgl. dazu Punkt 2.1.6). In Folge dessen wird die individuelle Eigenzeit nicht genügend berücksichtigt. Die persönlichen Ziele, Pläne und Werte werden den in einer Gruppe oder Gesellschaft vorherrschenden Normen angepasst.
- Die *Fremdanregung* durch die anderen *fehlt*. Es findet keine inhaltliche und sinnliche Bereicherung statt, da sich die Beteiligten bewusst oder nicht-bewusst vor einem wirklichen gegenseitigen Austausch wehren. Dies richtet sich gegen ihre Selbsterhaltung.

Die Strukturen in Konkurrenzverhältnissen sind relativ starr; die Beteiligten arbeiten nebeneinanderher und grenzen sich voneinander ab. Es besteht keine Offenheit oder positives Interesse für den anderen, da er als Konkurrent wahrgenommen wird. Konkurrenten sind dennoch voneinander abhängig; sie brauchen den anderen, um sich zu orientieren und ihre Beziehung zur Welt aufrecht zu erhalten. Wird dieses Verhältnis in irgendeiner Weise unterbrochen, geht der subjektive Sinn der Handlung (Abgrenzung vom anderen) verloren und die Handlungsordnung der Beteiligten zerfällt. Hier zeigt sich am deutlichsten das Moment der Entfremdung.

---

116 Dies kann dann dazu führen, dass sich das dominante Verhalten potenziert und perverse Formen annimmt.

117 Davon zu unterscheiden ist der Wettbewerb, im Sinne des sich Aneinander-Messens um der Sache willen. In einer solchen Beziehung sollte die Selbstbestimmung und gegenseitige Fremdanregung der Beteiligten immer gewährleistet bleiben. Die Übergänge zwischen Wettbewerb und Konkurrenz sind meistens fließend.

Konkurrenzverhältnisse äußern sich bei allen Beteiligten durch folgende *Gefühle* und *Affekte*:

Ich misstraue den anderen, denn sie könnten einem den eingebildeten Wissensvorsprung rauben, ich fühle mich durch niemanden positiv bestätigt, daher ist die Arbeit zeitweise langweilig. Ich motiviere mich dadurch, dass ich mich gegenüber den anderen als "Gewinner" hervortun kann. Dies erzeugt kurzfristig positive Affekte, weil ich mich in der Abgrenzung zu anderen selbst bestätige. Erlebe ich mich als "Verlierer", erscheint mir mein Tun plötzlich sinnlos. Kurzfristig können negative Affekte wie Angst oder Aggression auftauchen. Über die Kommunikation baue ich jedoch keine konstruktiven Beziehungen mit anderen auf. Ich *isoliere* mich selbst.

C) **Individualismus** bzw. aus psychologischer Sicht **Egozentrismus** kennzeichnet sich in gestörten Dialogen durch folgende Merkmale:

- Die *absolute Selbstbestimmung* aller Beteiligten, d.h. die Ziele, Pläne und Werte, die Eigenzeit und damit auch die Selbstorganisation jedes Beteiligten werden berücksichtigt.
- Die *Fremdanregung* durch andere findet nur *zufällig* statt. Weder bereichern sich die Beteiligten gegenseitig zielgerichtet, noch beeinflussen sie sich in dominanter Weise. Die informative und sinnliche Bereicherung bzw. die Selbsterhaltung sind damit nicht gesichert.
- Es wird keine Verantwortung für die Beziehung übernommen. Dadurch können weder eine koordinierte Zusammenarbeit noch Vertrautheit zu den anderen entstehen.
- Da das Zusammentreffen der Menschen eher zufällig geschieht und dabei keine positive oder negative bedeutsame Beziehung aufgebaut wird, sind keine festen Strukturen vorhanden. Hier könnte man wohl von losen Zusammenschlüssen sprechen, in der die Menschen unabhängig voneinander handeln.

Die *Gefühle* sind auf beiden Seiten *neutral*, weder erregt das Zusammentreffen bei mir Freude noch Abneigung. Ich verhalte mich gegenüber dem anderen indifferent und nehme keine Position ein. Im Mittelpunkt meiner Aufmerksamkeit steht nur die eigene Person. Unter dieser Beziehungslosigkeit leiden Menschen häufig nicht-bewusst.

Warum fühlen sich Menschen trotzdem gut, wenn sie andere Menschen dominieren können, mit anderen in Konkurrenz stehen ?
Da gestörte Dialoge nicht zur Selbsterhaltung und Weiterentwicklung des Menschen beitragen, muss der Grund für das paradoxerweise positive Erleben in der *verinnerlichten Entfremdung* bzw. *Isolation* liegen. Denn in Dominanz und Konkurrenzverhältnissen fallen Sinn und Bedeutung der Kommunikation auseinander. Wird einem Menschen die konstruktive Beziehungsaufnahme zu anderen dauerhaft verweigert, wird das Bedürfnis nach Selbstverwirklichung nur durch die Fremdbestimmung anderer verwirklicht. Ist dies nicht möglich, so erscheint der Gegenüber als Konkurrent, der die eigene Selbstbestätigung einerseits gefährdet, andererseits im sogenannten Konkurrenzkampf ermöglicht. Dominanz- und Konkurrenzverhältnisse reproduzieren sich also gegenseitig, sie bilden ein sich selbst stabilisierendes System.
Hat ein Mensch die Beziehungsaufnahme zu anderen in gelungenen Dialogen positiv erlebt, erfährt die Bereicherung und Anerkennung der eigenen Person, so entwickelt er das Motiv, die Selbstverwirklichung in der Zusammenarbeit und der Beziehung mit anderen Menschen zu suchen. Dies bewirkt Verantwortungsübernahme für die Beziehung und setzt Kreativität frei. Dialogische Beziehungen bilden im Gegensatz zum Individualismus eine konstruktive Form der Absage an Dominanz und Konkurrenz.

3 Empirische Dokumentation der Arbeit mit dem Legislativen Theater

In diesem Kapitel wird die Praxis des Legislativen Theaters, wie sie das CTO-Rio zur Zeit realisiert, am Beispiel der Arbeit der Theatergruppe *"Corpo em Cena"* beschrieben. Die Dokumentation der Theaterarbeit basiert auf Daten und Materialien, die im Rahmen einer qualitativen Feldforschung erhoben worden sind. Die dabei angewandten Methoden sind die *Teilnehmende Beobachtung* und zur deren Ergänzung das *problemzentrierte Interview.* Im Mittelpunkt der qualitativen Feldforschung am Theater der Unterdrückten bzw. der Praxis des Legislativen Theaters stehen der *Dialog* und die *Kooperation* in der Theaterarbeit und bei Forumtheateraufführungen.
Im ersten Teil des Kapitels soll nach einer Erläuterung der angewandten qualitativen Forschungsmethoden, die Vorgehensweise im Feld und handlungsleitende Kriterien zur Beobachtung der Theaterarbeit bzw. Erstellung der Interviewleitfäden dargestellr werden.
Im zweiten Teil folgt dann eine detaillierte Beschreibung der Theatergruppe *Corpo em Cena,* ihres Forumtheaterstücks und dessen Entwicklung sowie der Proben und Forumtheateraufführungen.

3.1 Qualitative Feldforschung

Qualitative Feldforschung stellt die Untersuchung eines Gegenstandes in seiner natürlichen Umgebung mit Hilfe unterschiedlicher methodischer Zugänge dar. Die Grundlagen qualitativen Denkens liegen in der *Subjektorientierung* und *Alltagsbezogenheit* der Untersuchung sowie im *Beschreiben* und *Interpretieren* der gesammelten Daten. Die Ergebnisse werden in einem *Prozess der Verallgemeinerung* ausgewertet (vgl. Mayring 1990, 9). Die Feldforschung stellt ein induktives Verfahren dar, das ausgehend von konkreten Phänomenen zu theoretischen Konzeptionen gelangt (vgl. Friebertshäuser 1997, 505).
Qualitative Forschung versteht sich nicht als Alternative zur Quantitativen Forschung, sondern will diese ergänzen bzw. durch andere Akzentsetzung in der Untersuchung die Verzerrung von Ergebnissen vermeiden (vgl. Mayring 1990, 9).

3.1.1 Die angewendeten Forschungsmethoden: Teilnehmende Beobachtung und Problemzentriertes Interview

Die Kernmethode der *qualitativen Feldforschung* bildet die **Teilnehmende Beobachtung**. Die Rolle der Beobachterin kennzeichnet sich dadurch, dass diese bei der Sammlung der Daten aktiv an den sozialen Situationen, in denen der Untersuchungsgegenstand eingebettet ist, teilnimmt. Sie steht in direkter persönlicher Beziehung zu den Beobachteten (vgl. Mayring 1990, 56). "Mit teilnehmender Beobachtung will der Forscher eine größtmögliche Nähe zu seinem Gegenstand erreichen, er will die Innenperspektive der Alltagssituation erschließen" (Mayring 1990, 57). Diese Methode ist geeignet, um an von außen nur schwer zugängliche Daten zu gelangen.

Die *teilnehmende Beobachtung* stellt eine Mischung aus Beschreibung und Reflexion des Untersuchungsgegenstandes dar; ihre Anwendungstechnik zeichnet sich durch Offenheit aus, d.h. es wird nicht mit zuvor feststehenden standardisierten Beobachtungsbögen gearbeitet, die Fragestellungen haben eher explorativen Charakter und werden in einem permanenten Wechsel von Erhebung und Auswertung entwickelt (vgl. Mayring 1990, 57f). Die Vorgehensweise kann von der freien, unstrukturierten Beobachtung bis zur strukturierten Beobachtung durch einen Beobachtungsleitfaden, der sich auf eine Problemstellung im Feld konzentriert, variieren (vgl. Friebertshäuser 1997, 522f). Die Beobachtung kann in Abhängigkeit vom Untersuchungsziel offen oder verdeckt durchgeführt werden.

Die Aufzeichnung des Beobachteten erfolgt i.d.R. nicht in der aktuellen Situation, sondern im Nachhinein. In Forschungstagebüchern und Protokollen werden die Beobachtungen möglichst detailliert beschrieben. Dabei ist es wichtig, tatsächliche Beobachtungen und Interpretationen zu trennen. Zur Beobachtung gehört auch die Selbstbeobachtung, da das eigene emotionale Erleben der Situation und auch die eigenen theoretischen Sichtweisen die Wahrnehmung und Interpretation beeinflussen (vgl. Friebertshäuser 1997, 524).

Probleme und Grenzen der teilnehmenden Beobachtung:

- Zugang zum Untersuchungsfeld, die Forscherin will akzeptiert werden und teilnehmen, ohne Störfaktor zu sein (vgl. Mayring 1990, 58).
- Der Zugang zur Realität bleibt verzerrt, es gibt keine objektiven Messungen. Das Geschehen wird immer durch die Teilnahme der Forscherin verändert. Die

Reichweite der Beobachtung ist begrenzt; die Situation wird *selektiv* wahrgenommen, d.h. durch eigenes emotionales Erleben und theoretische Vorurteile beeinflusst. Mayring nennt dies die *Forscher-Gegenstands-Interaktion* (vgl. Mayring 1990, 19).

- Doppelrolle der Beobachterin: Einerseits baut sie als Teilnehmerin persönliche Beziehungen auf, äußert ihre Gefühle und Meinungen, andererseits geht sie als Forscherin innerlich auf Distanz, um die erlebte Situation zu reflektieren[118].
- Forschungsethische Fragen: Inwieweit sollen die Erforschten über die Beobachtungstätigkeit und den Umfang der Arbeit aufgeklärt werden? Wie geht die Forscherin mit vertraulichen Informationen um?[119]

Das **Problemzentrierte Interview** stellt ein offenes, halbstrukturiertes qualitatives Verfahren dar (vgl. Mayring 1990, 45). Ausgangspunkt des Interviews ist eine Problemstellung, welche die Forscherin in der theoretischen und praktischen Analyse des Untersuchungsgegenstandes formuliert, und deren unterschiedliche Aspekte im Laufe des Interviews angesprochen werden sollen. Trotz dieser Zentrierung seitens der Interviewerin sollen die Befragten frei zu Wort kommen, so dass die Situation einem offenem Gespräch möglichst nahe kommt (vgl. Mayring 1990, 46).

Witzel unterscheidet folgende Grundgedanken des *problemzentrierten Interviews*:

- *Problemzentrierung*: Von der Forscherin ermittelte gesellschaftliche Problemstellung.
- *Gegenstandsorientierung*: Die konkrete Gestaltung des Interviews bezieht sich auf den aktuellen Gegenstand.
- *Prozessorientierung*: Die schrittweise Gewinnung und Prüfung von Daten, deren Zusammenhang und Beschaffenheit sich erst mit der Zeit herauskristallisieren (vgl. hierzu Mayring 1990, 46).

Das Interview kennzeichnet sich durch Offenheit aus, d.h. die Fragen sollen nicht einengen und enthalten Erzählaufforderungen. Zwischen Interviewerin und Befragten soll eine möglichst gleichberechtigte und offene Beziehung entstehen, die das gegenseitige *Vertrauen* fördert (vgl. Mayring 1990. 47).

---

[118] Girtler beschreibt in diesem Zusammenhang das Problem des "going native": Die Forscherin übernimmt die Urteilsmaßstäbe und Verhaltensmuster der Akteure im Feld und beginnt sich, mit ihnen zu identifizieren (vgl. Girtler 1984, 63).

[119] (vgl. dazu Friebertshäuser 1997, 526)

Der Ablauf eines *problemzentrierten Interviews* orientiert sich zwar am Leitfaden, bleibt aber offen für Veränderungen. Am Anfang stehen allgemeingehaltene *Einstiegsfragen* zur Person und zum Thema. Der *Leitfaden* enthält die das Problem betreffenden Themenaspekte. Darüber hinaus treten immer wieder *ad-hoc-Fragen* auf, die die Interviewerin spontan formuliert (vgl. Mayring 1990, 48f). Neben den Tonbandaufnahmen werden auch Protokolle angefertigt, in denen alle relevanten Informationen zur Interviewsituation festgehalten werden.

Probleme des Leitfaden-Interviews:

- Einflussnahme der Interviewerin auf die Befragten durch suggestive Fragen oder non-verbale Reaktionen.
- Missverständlich formulierte Fragen.
- Einfluss der sozialen Erwünschtheit auf die Antworten (vgl. hierzu Friebertshäuser 1997, 371).

3.1.2 Organisatorischer Rahmen und Vorgehensweise der Feldforschung

Organisatorischer Rahmen:

Die qualitative Feldforschung im *Centro de Teatro do Oprimido* in Rio de Janeiro ist innerhalb eines dreimonatigen Studienaufenthaltes im Rahmen des ASA-Programms der Carl-Duisberg-Gesellschaft e.V. durchgeführt worden. Vor Ort haben ebenfalls zwei weitere StipendiatInnen des ASA-Programms eigene Feldstudien durchgeführt. Während unseres Aufenthalts im CTO-Rio haben wir hauptsächlich den Arbeitsprozess von jeweils zwei Theatergruppen begleitet. Dabei haben wird an Proben und Aufführungen teilgenommen, Aufwärmübungen angeleitet und die Arbeit der Gruppe mit konstruktiver Kritik unterstützt. Daneben konnten wir an inhaltlichen und praktischen Seminaren zum Forumtheater, welche das CTO für andere Gruppen und Organisationen anbietet, und einigen CTO internen Sitzungen teilnehmen. Zur organisatorischen und inhaltlichen Betreuung unseres Praktikums haben drei Sitzungen mit den Curingas stattgefunden, in denen wir v.a. unsere theoretischen Fragen an das Legislative Theater einbrachten.

Vorgehensweise in der Feldforschung:

In der Vorbereitung auf das Praktikum habe ich mich mit der Literatur von Boal und anderen zur Konzeption des Forumtheaters auseinandergesetzt. Schon im Vorfeld ist mir der konkrete Arbeitsprozess im Theater als ein möglicher Untersuchungsgegenstand erschienen.

Als Untersuchungsmethode habe ich die *teilnehmende Beobachtung* und zu ihrer Ergänzung das *problemzentrierte Interview* gewählt. Im Hinblick auf die Untersuchung der Praxis des Legislativen Theaters bieten diese qualitativen Methoden m.E. die beste Möglichkeit, den Arbeitsprozess einer Gruppe intensiv zu verfolgen und zu begleiten. Durch die Beobachtung, Gespräche in der und mit der Gruppe sowie das problemzentrierte Interview kann auch die Perspektive und Meinung der Teilnehmenden zu bestimmten Problemen näher erfasst werden. Die MitarbeiterInnen des CTO-Rio sowie die Mitglieder der Theatergruppen sind im Vorfeld über meine Forschungsvorhaben informiert worden.

In der Auseinandersetzung mit der Praxis des Legislativen Theaters vor Ort hat sich durch die freie und unstrukturierte Beobachtung nach und nach eine *Problemstellung* herauskristallisiert. Mir ist deutlich geworden, dass die Bedingungen der Theaterarbeit und die Rolle des Curingas auf das Theaterspiel und dessen Ergebnis einen bedeutsamen Einfluss haben. So habe ich meine Beobachtungen auf *die Kooperation und den Dialog in der Theaterarbeit und bei den Aufführungen* konzentriert. Über die Beobachtung der Arbeit und der Aufführungen, Gespräche mit den anderen StipentidatInnen, den Curingas und Gruppenmitgliedern habe ich schrittweise einen Leitfaden für die Beobachtung und die Interviews erarbeitet. Die *Interviews* sind gegen Ende der Untersuchung mit folgenden Personen durchgeführt worden:

- Interviews mit den Gruppenmitgliedern der Gruppe *Corpo em Cena*, ihrem Curinga Olivar Bendelak und dem Publikum
- Aufgezeichnete Gespräche mit den Curingas des CTO und Augusto Boal
- Interviews mit ehem. Coringa Luiz Vaz, mit Pedro Pontual (Beauftragter der Präfektur Santo André/ São Paulo für *participação popular*), und mit Valério da Silva, Mitarbeiter der Menschenrechtsorganisation "Bento Rubião".

Neben den Aufzeichnungen im Forschungstagebuch, Beobachtungsprotokollen und Tonbandaufnahmen sind ergänzend zur Dokumentation *Fotomaterial* und *schriftliches Material des CTO* gesammelt worden.

Probleme bei der Feldforschung:

- Schwierigkeiten haben sich für mich im Umgang mit meiner *Doppelrolle* ergeben: Als Teilnehmerin der Theatergruppe habe ich das Bedürfnis, mich aktiver in die Gruppenarbeit einzubringen; als Forscherin stehe ich eher in Distanz zum Arbeitsprozess der Gruppe.
- Während des Aufenthalts bin ich immer wieder an persönliche Grenzen und Schwierigkeiten der *interkulturellen Verständigung* gestoßen. Dabei ist mir besonders die unterschiedliche Wahrnehmung und Bedeutung von Problemen aufgefallen.
- Der *Erfahrungs- und Meinungsaustausch* mit den Coringas des CTO ist für mich nicht befriedigend realisiert worden, da ich häufig in der Rolle der Fragenden geblieben bin. Auch im Hinblick auf die aktive Mitarbeit im Theaterprozess hätte ich mir mehr *Kommunikation und Zusammenarbeit* mit den Coringas gewünscht.
- Mir ist bewusst, dass meine Wahrnehmungen und Deutungen des Arbeitsprozesses von meinem *emotionalen Erleben* der Situation z.T. stark beeinflusst worden sind.

Auswertung der Daten:

Der gesamte Prozess der Datensammlung durch die *teilnehmende Beobachtung* und die *problemzentrierten Interviews* ist von einer gedanklichen und schriftlichen Auswertung in Form von Hypothesenbildungen und Zwischenergebnissen begleitet worden. Die theoretischen Bezugssysteme zur inhaltlichen Ausgestaltung der Begriffe Dialog, Kooperation und Identitätsbildung dienen zur Entwicklung entsprechender Beobachtungs- und Auswertungskritieren.

Die Interviews, welche die Ergänzung zur teilnehmenden Beobachtung bilden, sind in Anlehnung an die *qualitative Inhaltsanalyse* ausgewertet worden (vgl. hierzu Mayring 1990, 85ff). Im Sinne der *kommunikativen Validierung* und der *Interpretationsabsicherung* sind die Ergebnisse und Hypothesen mit anderen fachlich kompetenten Personen diskutiert worden.

3.1.3 Kriterien für die Beobachtung und Interviews

Im Mittelpunkt der qualitativen Feldforschung am Theater der Unterdrückten bzw. der Praxis des Legislativen Theaters stehen **dialogische und kooperative Beziehungen** in der Theaterarbeit. Die Untersuchung konzentriert sich auf den Arbeitsprozess in der Gruppe mit dem Curinga und die Diskussionen während des Forums bei den Theateraufführungen. In Anlehnung an der im Kapitel 2 entwickelten Merkmale und Strukturen für gelungene bzw. gestörte Dialoge werden im Folgenden die Kriterien für die teilnehmende Beobachtung und für die Entwicklung der Interviewleitfäden[120] dargestellt.

Gestaltung des äußeren organisatorischen Rahmens der Theaterarbeit:

- Welche zeitlichen, räumlichen, inhaltlichen und finanziellen Vorgaben bestehen seitens des CTO für die Theaterarbeit?
- Wie gestalten sich die organisatorischen und inhaltlichen Arbeitsstrukturen im CTO?

Voraussetzungen der Teilnehmenden und des Curinga für die Theaterarbeit:

- Welche Vorraussetzungen bringen die Teilnehmenden und der Curinga für die Theaterarbeit mit?
- Welche Erfahrungen mit dialogischer und kooperativer Arbeit liegen bereits vor (z.B. mit selbstorganisierten Gruppen, in der Schule, im Beruf, im Wohnviertel)?
- Wie sind die Beteiligten zum Theater der Unterdrückten gekommen?
- Was motiviert die TeilnemerInnen, dabei zu bleiben?

Gestaltung der allgemeinen Kommunikationsstrukturen in der Theaterarbeit bzw. bei Proben und Aufführungen:

- Wie können sich die Beteiligten einbringen? Gibt es dafür feste institutionalisierte Möglichkeiten in der Kommunikation?
- Wie äußern sich Stil und Ton der Kommunikation?
- Respektieren sich die Beteiligten gegenseitig?
- Wie wird mit Kritik umgegangen?
- Wie gestaltet sich das Verhältnis zwischen dem Einzelnen (Ich), der Gruppe (Wir) und dem gemeinsamen Gegenstand (Sache)?

Gestaltung des inhaltlichen Arbeitsprozesses bei Proben und Aufführungen:

- Sind die Gruppenmitglieder und der Curinga gleichberechtigt an der Planung und Umsetzung der Theaterarbeit (z.B. bei Themensuche, Stückerarbeitung, Bühnenbild, Rollenverteilung, allgemeine Organisation) beteiligt?
  a) Ist selbständiges Arbeiten und Verantwortungsübernahme für alle Beteiligten möglich?
  b) Könnte prinzipiell jeder Beteiligte die Gruppenleitung übernehmen, soweit fachliche Qualifikationen nicht notwendig sind?
- Arbeiten die Beteiligten an einem gemeinsamen Gegenstand? Ist dieser als solcher bewusst bzw. finden sich alle im Arbeitsprozess wieder?
- Werden die Ziele, Pläne und Werte hinsichtlich der Theaterarbeit offengelegt und mit allen Beteiligten koordiniert?
- In welcher Weise wird der Arbeitsprozess organisiert, sind Strukturen vorhanden?
- Sind diese Strukturen offen für Veränderungen oder eher statisch?
- Gelingt es dem Curinga, im Spannungsfeld zwischen Selbst- und Fremdbestimmung eine dynamische Balance zu finden?
- Ist die Selbstbestimmung aller Beteiligten gesichert?
- Ist Fremdanregung in angemessener Neuheit und Vertrautheit gegeben, so dass keine Über- bzw. Unterforderung entsteht?
- Wie werden der Arbeitsprozess und das Produkt reflektiert?
- Wie bewerten die Beteiligten die Theaterarbeit im Hinblick auf die persönliche Weiterentwicklung und Lernfortschritte?
- Haben sich unter den Beteiligten durch die Theaterarbeit gemeinsame Ziele, Werte und Ideale entwickelt?

Gestaltung der Beziehungen in der Theaterarbeit:

- Besteht eine Atmosphäre des gegenseitigen Vertrauens?
- Liegt bei allen Beteiligten eine Kontinuität in der Arbeit vor?
- Nehmen die Beteiligten lebendig und wahrhaftig an der Theaterarbeit teil? Zeigen sie offen ihre Gefühle?
- Wie äußert sich die emotionale Bewertung der Theaterarbeit bei den Beteiligten (z.B. in der Körperhaltung und Bewegung)?

[120] Die weiter ausdifferenzierten Leitfäden für die Interviews mit dem Curinga, den

- Wird auf die emotionale Verfassung und Bedürfnisse aller Beteiligten eingegangen?
- Wie wird mit interpersonellen und intrapersonellen Konflikten und Grenzerfahrungen umgegangen?
- Sind über die Theaterarbeit engere Beziehungen entstanden?
- Ist der Curinga nur Funktionsträger oder auch Beziehungspartner?
- Identifizieren sich die Gruppenmitglieder mit der Theaterarbeit und der Gruppe?
- Welche persönliche Bedeutung hat die Theaterarbeit für die Beteiligten?

Gruppenmitgliedern und dem Publikum befinden sich im Anhang.

3.2 Dokumentation der Theaterarbeit der Gruppe "Corpo em Cena"

3.2.1 Die Theatergruppe *Corpo em Cena*

Die Gruppe *Corpo em Cena*[121] ist eine der sieben Theatergruppen des CTO-Rio, die zum Projekt des Legislativen Theaters zählen. Sie besteht aus zehn SpielerInnen, sechs Frauen und vier Männern, im Alter von 14 bis 34 Jahren und wird von dem Curinga Olivar Bendelak koordiniert. Die GruppenteilnehmerInnen kommen aus verschiedenen Comunidades des Stadtteils Costa Barros, der am nördlichen Stadtrand von Rio liegt und zu den sozial, gesellschaftlich und infrastrukturell marginalisierten Stadtgebieten gehört.

Die zentralen Themen, welche die Gruppe in ihrem Forumtheaterstück theatralisiert, beschreiben eben diese Benachteiligungen als BewohnerInnen einer Favela, die durch geringe Zugangsmöglichkeiten zu Hochschulen und die willkürliche Gewalt der Polizei gekennzeichnet sind.

Die Gruppe steht in Verbindung zum "Centro de Formação Profissional da Pedreira"[122], einem Bildungs- und Kulturzentrum, das von den BewohnerInnen der Comunidade Pedreira[123] gegründet worden ist. Enstanden ist die Theatergruppe auf Initiative des CTO, das mit dem Bildungszentrum in Pedreira in Kontakt getreten ist. Das CTO hat einen demonstrativen Workshop zu Methoden und Zielen des Legislativen Theaters über vier Sitzungen für insgesamt zwölf TeilnehmerInnen der Comunidade angeboten. Aus diesem Workshop ist die Theatergruppe

---

121 *Corpo em Cena* heißt übersetzt *Körper in Szene.*

122 Das "Centro Formação Profissional da Pedreira" ist eine Nichtregierungsorganisation, die seit 1994 besteht und sich v.a. an Jugendliche und Erwachsene mit geringem finanziellen Einkommen richtet. Das Zentrum bietet Kurse in Informatik, Rethorik, Englisch, Kochen, Nähen, Kunsthandwerk und Fußball an, außerdem gibt es eine Bibliothek und eine Initiative zum Recycling von Hausmüll. Unterstützt wird die Einrichtung von brasilianischen und deutschen Nichtregierungsorganisationen.

123 Zu der Comunidade Pedreira zählen heute ca. 3000 BewohnerInnen. Die Siedlung liegt am nördlichen Standrand von Rio; in den 50er Jahren gehörte das Land zu einer Fazenda (landwirtschaftlicher Großgrundbesitz), wurde aber bereits mit einfachen Hütten besiedelt. Nachdem die Fläche Ende der 60er Jahre in staatlichen Besitz überging, fand v.a. in den 70er und 80er Jahren, bedingt durch die große Zuwanderungswelle in das wirtschaftliche Ballungszentrum Rios, eine dichte Besiedelung statt. Die notwendige Infrastruktur wurde erst nach und nach aufgebaut. Die Verkehrsanbindung zur Innenstadt ist erst seit 1998 mit dem Ausbau der Metrô verbessert worden. Mit dem Bus dauert die Fahrt ca. 2 Stunden. Das Straßenbild des Stadtteils ist geprägt von vielen kleinen Straßenläden und Händlern. Die Arbeitslosen- und Verbrechensrate ist in diesem Gebiet Rios besonders hoch (Informationen aus: Interview vom 23.09.1999mit Valério da Silva, Mitarbeiter der Menschenrechtsorganisation "Bento Rubião").

hervorgegangen. Die Gruppe besteht seit März 1999, wobei sich die Zusammensetzung allerdings nach dem Workshop verändert hat. Von den zwölf TeilnehmerInnen sind im Juli 1999 noch vier dabei; die anderen sechs Mitglieder sind später dazu gekommen. Während der drei Monate, in denen ich die Arbeit der Gruppe begleitet habe, sind zwei Mitglieder ausgestiegen und zwei dazu gekommen.

Der Großteil der Gruppenmitglieder wohnt schon seit einigen Jahren mit ihren Familien in dem Stadtteil; nur eine Spielerin ist erst seit Mitte 1998 aus dem Nordosten Brasiliens nach Rio gekommen und wohnt bei ihrem Bruder. Sieben Gruppenmitglieder besuchen in der Hoffnung auf einen kostenlosen Studienplatz an einer öffentlichen Universität einen Pré-vestibular Kurs[124], den die Comunidade Pedreira organisiert. Die anderen drei SpielerInnen sind an einer öffentliche Schule und haben z.T. ebenfalls Studienwünsche. Die Hälfte der Gruppe muss für den eigenen Unterhalt arbeiten, z.B. als Plakatzeichner, für eine Schneiderei oder im Sozialbereich. Zwei Frauen haben bereits Kinder, eine davon ist alleinerziehende Mutter. Fast alle sind in irgendeiner Weise in ihren Comunidades ehrenamtlich im Zusammenhang mit dem Bildungszentrum, einer Kirchengemeinde, in Menschenrechtsgruppen oder dem Pré-vestibular Kurs engagiert.

In der Gruppe *Corpo em Cena* hat bereits die Hälfte der SpielerInnen Erfahrungen im Theaterspiel über Schule, Gemeinde oder andere Kurse sammeln können; zwei von ihnen würden gerne Schauspiel studieren. Für den anderen Teil der Gruppe sind die Erfahrungen des Theaterspielens neu. Die Lust am Theaterspiel und Körperübungen sowie das Interesse an Kulturarbeit bilden für alle eine Motivation, in der Gruppe zu bleiben.

> "Ich mag Theater, ich wollte gern in eine Theatergruppe gehen, es hätte aber auch eine andere Institution sein können" (Interview vom 24.09.1999 mit Vivianna, 17 Jahre).[125]

> "Ich identifiziere mich mit Theater, ich mag Theaterspielen, ich mag mich inszenieren. Ich glaube das ist etwas, das aus meinem Inneren kommt" (Interview vom 24.09.1999 mit Márcia, 34 Jahre).

Am Theater der Unterdrückten fasziniert viele Gruppenmitglieder die Idee des Forumtheaters, das sowohl für die Spielenden als auch für die Zuschauenden Möglichkeiten zur Mitgestaltung bietet. Marco (19 Jahre) findet wichtig, dass das

---

[124]Pré-vestibular Kurse sind vorbereitend für die Aufnahmeprüfung an öffentlichen oder privaten Hochschulen.

[125] Die Namen der Mitglieder der Theatergruppe sind geändert.

Theater der Unterdrückten die realen Probleme der Leute zeigt, im Gegenteil zum Fernsehen, welches das Bild eines glücklichen Armen mit Arbeit und Rechte zeichnet (vgl. Interview mit Marco vom 26.09.1999). Für einige ist gerade dies der Grund, in der Theatergruppe zu bleiben:

> "Ich bin aus Neugier gekommen, das Theater hat mich immer interessiert, aber ich glaube, ich habe kein Schauspieltalent. Mich interessierten die Techniken, weil ich denke, dass dies für die Person eine sehr emotionale Arbeit ist bis in den psychologischen Bereich.(...)Und die soziale Arbeit an sich hält mich fest." (Interview vom 24.09.1999 mit Fernando 29 Jahre).

> "Ich bin dabei, weil es mich aufgeweckt hat, diese Sache Theater der Unterdrückten zu spielen, also auf der Strasse zu arbeiten.(...) Ich sehe darin eine Möglichkeit für die Leute, sich zu entwickeln." (aus einem Interview vom 26.09.1999 mit Lucho, 23 Jahre).

Nicht nur allein die Lust am Theaterspiel, sondern das Theater der Unterdrückten selbst in seiner Konzeption motiviert und interessiert die Teilnehmenden an der Arbeit, obschon die Gewichtungen zwischen Theater als Ausdrucksform und Theater als Mittel zur Politisierung individuell unterschiedlich gesetzt werden. Zwei Gruppenmitglieder haben die Gruppe verlassen, weil sie den Probentermin nicht mehr wahrnehmen können.

Gemeinsame Anknüpfungspunkte bilden für die meisten Gruppenmitglieder der Pré-vestibular Kurs, der in ihrem Stück thematisiert wird, und die Verbindung zum "Centro de Formação Profissional da Pedreira". Über die Theatergruppe haben sich engere persönliche Kontakte entwickelt, jeweils zwei Frauen und Männer treffen sich auch außerhalb der Theaterarbeit. Das Verhältnis zweier TeilnehmerInnen zueinander ist aufgrund von Konflikten, die im Zusammenhang mit der Organisation des Pré-vestibular Kurses entstanden sind, sehr gespannt. Teile der Gruppe gestalten gemeinsam mit anderen Bekannten vom Bildungszentrum ihre Freizeit. Der Curinga und ich werden zu privaten Veranstaltungen der Gruppenmitglieder des öfteren eingeladen. Auf Anregungen des Curingas hat die Gruppe selbst Freikarten für einen gemeinsamen Theaterbesuch organisiert.

Aus meinen Beobachtungen sowie den Informationen aus Interviews und Gesprächen mit der Gruppe und dem Curinga schließe ich, dass alle Gruppenmitglieder in ein soziales Umfeld eingebunden sind und sich größtenteils nach den individuellen Möglichkeiten dafür einsetzen, die eigene Lebenssituation und die ihrer Comunidade zu verbessern. Sie sind sowohl an der eigenen kulturellen Bereicherung als auch an der ihrer Umgebung interessiert und sehen darin einen persönlichen Wert und kollektiven Nutzen.

Der Curinga der Gruppe *Corpo em Cena,* Olivar Bendelak, hat keine professionelle Schauspielausbildung. Bevor er 1990 zum Theater der Unterdrückten gekommen ist, hat er sieben Jahre als Diplomingenieur in der Chemieindustrie gearbeitet. Er hat das Theater der Unterdrückten über die Zusammenarbeit einer Umweltgruppe, der er angehörte, mit dem damaligen CTO-Rio kennen gelernt. Die Umweltgruppe hat ein Forumtheaterstück zur Umweltproblematik erarbeitet und 1992 auf der Konferenz der Vereinten Nationen für Umwelt und Entwicklung in Rio de Janeiro aufgeführt.
Als Boal 1992 für die PT (Arbeiterpartei) bei den Wahlen zum Stadtparlament in Rio kandidiert, beteiligt sich Bendelak an der Wahlkampagne des CTO. Seit der Wahl Boals zum Abgeordneten, entwickelt er als Curinga zusammen mit dem CTO-Rio und Boal das Legislative Theater. Daneben ist Olivar Bendelak für die Tontechnik und Musik sowie die Dokumentation der Theaterarbeit und die Geschichte des Zentrums zuständig. Außer der Gruppe *Corpo em Cena* koordiniert er zur Zeit eine weitere Theatergruppe gemeinsam mit einer anderen Curinga. Normalerweise arbeiten immer zwei Curingas des CTO mit einer Theatergruppe; neben *Corpo em Cena* gibt es noch eine andere Gruppe, mit der aus organisatorischen Gründen nur ein Curinga arbeitet.
Bendelaks Motivation für die Arbeit mit dem Theater der Unterdrückten ist aus seinem allgemeinen Interesse am Theaterspiel entstanden. Nachdem er verschiedene Theaterkurse besucht hat, die ihn aber nicht besonders angesprochen haben, ist er auf das Buch Boals "Theater der Unterdrückten" gestoßen. Da ihn der Name und die Ausrichtung des boalschen Theaters beeindruckt haben, hat er an einem Workshop des CTO teilgenommen.

> "Ich wollte ein Theater, das eine soziale Aktion beinhaltet. Ich entdeckte das Theater der Unterdrückten als ein solches Instrument. Bis heute, neun Jahre danach, ist es für mich eines geblieben" (Interview mit dem Curinga Bendelak vom 13.10.1999).

3.2.2 Zum Forumtheaterstück der Gruppe *Corpo em Cena*

In ihrem Forumtheaterstück mit dem Titel: "Ser Doutor, João, não é mole não!"[126], theatralisiert die Gruppe *Corpo em Cena* ihre Alltagsprobleme und die gesellschaftlichen Bedingungen, aus denen diese resultieren. Im Mittelpunkt des Stückes steht, wie schon im Titel deutlich wird, die Benachteiligung marginalisierter Bevölkerungsgruppen bezüglich der Zugangsmöglichkeiten zur Hochschulbildung.

João, die Hauptfigur des Stücks, hat erfolgreich den *Segundo Grau*[127] absolviert und möchte nun an einer der kostenlosen öffentlichen Universitäten in Rio studieren. Dazu schreibt er sich in den Pré-vestibular Kurs[128] ein, der in seiner Comunidade Pedreira für mittellose junge Erwachsene angeboten wird. Mit Mühe und Not bringt er die monatliche Kursgebühr von sieben Reais auf. Die Koordinatorin des Kurses, die sich unentgeltlich für die Organisation und Finanzierung einsetzt, bremst Joãos Studieneifer. Im Moment fehlen noch drei LehrerInnen für die Fächer Portugiesisch, Sport und Geometrie. Die LehrerInnen unterrichten ebenfalls unentgeltlich, die Kursgebühr wird zur Deckung der anfallenden Materialkosten verwendet.

João schreibt sich in den alternativen Pré-vestibular Kurs ein.
Foto: Kempchen

Joãos Bruder Paulo ist schon zum wiederholten Male durch die Prüfung des *Segundo Grau* gefallen. In Wirklichkeit interessiert ihn die Schule und das Studieren auch gar nicht, er will sein Glück lieber als Fußballspieler versuchen.

---

[126] übersetzt: "Doktor werden, João, ist nicht leicht, nein!"

[127] Sekundarstufe

[128] Pré-vestibular Kurse sind Vorbereitungskurse auf die Hochschulaufnahmeprüfung (vgl. Kap. 1.2).

Der Vater der beiden ist Busfahrer und von Joãos Studienwünschen nicht sehr begeistert. Wozu studieren, es gibt doch genug Akademiker, die nichts taugen. Er sieht nur im Fußball oder in der Musik soziale Aufstiegschancen für einen "Favelado". Paulo pflichtet ihm eifrig bei.

Blick in die Zukunft: Der Vater sieht seinen Sohn Paulo als Pagodemusiker. Foto: Kempchen

Der Vater beklagt, er könne die beiden Söhne nicht länger aushalten, sie sollten jetzt endlich arbeiten gehen. Die Mutter, die mit ihrem Bauchladen jeden Tag auf die Straße geht und so zum Unterhalt der Familie beiträgt, ist empört über die Argumentation ihres Mannes. Sie träumt davon, dass ihr Sohn João als studierter Doktor Karriere macht und die ganze Familie davon profitierten kann. Der Vater lässt aber nicht mit sich reden, schickt die Mutter gebieterisch hinter den Herd, worauf diese verstummt und verschwindet.

João berichtet seiner Mutter von seinem erfolgreichen Sekundarabschluss und seinen Studienwünschen. Foto: Kempchen

João und Paulo suchen in einer privaten Jobvermittlung nach einer Arbeit. Sie fallen aus allen Wolken, als sie erfahren, dass allein schon die Aufnahme in die Kartei zehn

Reais kosten soll. Für beide reicht das Geld nicht, zumal die Angestellte der Agentur nicht mit sich verhandeln lässt. Die zwei losen und werfen eine Münze; João hat Glück. Bei der Einschreibung weist die Angestellte aber daraufhin, dass es aufgrund der schlechten wirtschaftlichen Lage im Moment schwierig sei, einen Job zu vermitteln. Dazu wohne João weit außerhalb des Stadtzentrums; versprechen könne sie da nichts.

Auf dem Rückweg fahren João und Paulo bei einer bekannten Ärztin im Auto mit. Dabei ist auch Carlinha, eine Kollegin aus dem Pré-vestibular. Plötzlich werden sie von einer Polizeikontrolle gestoppt. Obwohl es sich angeblich nur um eine Überprüfung der Fahrzeugpapiere handelt, müssen alle das Auto verlassen und ihre Papiere vorzeigen. Die Ärztin kann sich ausweisen und darf sofort wieder einsteigen, die anderen werden von der Polizei aufgrund ihrer Herkunft schikaniert. Besonders Carlinha muss wegen ihrer schwarzen Hautfarbe unter der Diskriminierung leiden. Ohne Grund notiert sich die Polizei die Adressen der jungen Leute. Carlinha muss wegen Beleidigung mit einem Eintrag ins Polizeiregister rechnen.

Die Polizei schikaniert Carlinha, Paulo und João aufgrund ihrer Herkunft. Foto: Kastner

Am Abend informiert die Koordinatorin die TeilnehmerInnen des Pré-vestibular Kurses, dass sie leider keine weiteren LehrerInnen für den Kurs gewinnen kann. Einer Studentin, mit der sie am Nachmittag gesprochen hat, ist es in dieser Gegend zu gefährlich, da sie hier schon mal überfallen worden ist. Der gesamte Kurs ist enttäuscht. João versucht, die Leute zu mobilisieren. Er will mit dem Abgeordneten ihres Wahlkreises über diese Probleme sprechen. In diesem Moment frieren die

João erinnert sich an die Kampagne des Abgenordeten in ihrem Wahlkreis.
Foto: Kempchen

Spieler auf der Bühne ein. Die Erinnerung an den letzten Wahlkampf spielt sich vor ihren Augen ab: Der Abgeordnete kommt in die Favela und wird jubelnd begrüßt. Lachend verteilt er Ziegelbausteine, Zahnbürsten und Babynahrung, um die Wähler für sich zu gewinnen. Als jemand aus der Comunidade ihm ein Schreiben mit einer Aufforderung reicht, lässt er es sofort verschwinden und geht ab.

Die KursteilnehmerInnen lassen die Köpfe hängen. Teresa winkt ab, da keine Wahlen anstehen hat das keinen Zweck. João lässt sich nicht beirren: "Wir müssen es versuchen, lasst uns diesen Samstag ein Treffen abhalten, um zu planen, was wir unternehmen können." Aber er findet keine Unterstützung, einer nach dem anderen sagt ab. João steht allein da. "Geh du und vertrete uns!" rufen die anderen. Daraufhin führt João seine Hand, geformt als Pistole, an den Kopf.

Schlussszene: Was wird aus dem alternativen Pré-vestibular Kurs?
Foto: Kempchen

Zur ästhetischen Gestaltung des Stückes:

Das Ziel des Forumtheaters ist es, das Publikum aus seiner Passivität zu befreien und zur Aktion aufzufordern. Um die Stückhandlung auf ein zentrales Problem zu fokussieren und bei den ZuschauspielerInnen Spannung sowie emotionales Miterleben der Szenen zu erzeugen, wird das Forumtheater nach bestimmten Regeln der **Dramaturgie** aufgebaut (vgl. hierzu Boal 1996, 79ff). Gleich zu Beginn der Handlung wird dem Publikum der Wunsch bzw. das Ziel der Hauptfigur präsentiert. Im Verlauf des Stückes bahnt sich langsam der zentrale Konflikt zwischen dem Protagonisten und seinen Antagonisten an. Am Höhepunkt endet das Stück. Es bleibt offen, ob diese Krisensituation zur Niederlage des Protagonisten führt oder sich andere Handlungsoptionen für ihn ergeben. An dieser Stelle beginnt das Forum.

Um den dargestellten Konflikt stärker herauszuarbeiten und die ZuschauspielerInnen zu provozieren, wird mit Verfremdungen und z.T. surrealen Bildern gearbeitet. So wirft sich z.B. die Koordinatorin des Kurses nach der Absage einer Lehrerin vor dieser auf die Knie, entreißt ihr den Schuh und hält ihn flehend gen Himmel. Die expressive und übertriebene Körpersprache, die besondere Betonung der Stimme und umgangsprachliche Redewendungen dienen zur Charakterisierung der einzelnen Figuren. Bekanntes wird in einen fremden Kontext gestellt wie z.B. die Prüfung zum Abschluss des *Segundo Grau,* als Elfmeterschiessen[129] inszeniert wird. Ironie und Situationskomik bringen die

In der Schlange bei der Jobvermittlung steht auch eine arbeitslose Mutter mit drei schreienden Kinder. Foto: Kastner

[129] Das Elfmeterschiessen soll die soziale Aufstiegschance für Favelabewohner im Fußball symbolisieren. Eine ökonomische und soziale Verbesserung der Lebensbedingungen über die weiterführende Ausbildung oder Studium anzustreben, kommt für viele FavelabewohnerInnen aus finanziellen Gründen nicht in Frage.

ZuschauspielerInnen zum Lachen. Durch dieses Lachen sollen die Distanz zwischen Bühne und Publikum verringert und die ZuschauspierlerInnen von der extremen Betroffenheit befreit werden.

Die Bühne ist ebenerdig, eine quadratische blaue Bodenplane grenzt die Bühne vom Publikum ab. Den Hintergrund bildet eine einfache stoffbespannte Trennwand mit der Aufschrift *Centro de Teatro do Oprimido – Rio*. Besonders das **Bühnenbild** zieht die Aufmerksamkeit des Publikums auf sich. Trotz der Verwendung einfacher Materialien – wie alte Dosen und Plastikflaschen – ist es in seiner Wirkung eindrucksvoll. Die Koordinatorin des Pré-vestibular Kurses schleppt überdimensional große Bücher, Hefte und Stifte mit sich herum. Die Polizisten – unter deren Westen mit Schaumstoff drapierte Muskelpakete hervorquellen – stoppen ein Auto, das aus Plastikflaschen gebaut ist. Der Arbeitslosen, die bei der Jobvermittlung Schlange steht, hängen zwei Puppen als schreiende Kinder am Hals, in ihrem Arm liegt das jüngste Baby. Alle Gegenstände, die im Stück auftauchen, sind in irgendeiner Form ästhetisch bearbeitet. Im *Espaço Estético*[130] darf nichts gewöhnlich oder alltäglich erscheinen. Die verwendeten stilisierten Gegenstände und Materialien haben nicht die Funktion, die Szene dekorativ zu untermalen, sondern die Lebenswirklichkeiten der SpielerInnen zu beschreiben (vgl. Boal 1996, 105).

Das Bühnenbild soll die Lebenswirklichkeit der SpielerInnen widerspiegeln. Foto: Kempchen

In dieser Funktion wird auch die bekannte **Musik** eingesetzt. Die Szene der Polizeikontrolle wird durch eine brasilianische Rapmusik[131], welche die SpielerInnen in Begleitung von Percussionsinstrumenten singen, eingeleitet. Der Liedtext thematisiert die Gewalt und Unterdrückung im Alltag der FavelabewohnerInnen.

---

[130] Übersetzt: Der Ästhetische Raum.

[131] Die brasilianische Rap- und Funkmusikbewegung kommt aus der Stadtperipherie.

Diese ästhetische Ausgestaltung der Forumtheaterstücke soll dazu dienen, den Dialog mit dem Publikum im anschließenden Forum vorzubereiten. Das Theater will nicht nur die Aufmerksamkeit der Zuschauenden auf sich ziehen und unterhaltsam sein; sondern es will auch die Realität, in der die SpielerInnen leben, als ein Problem präsentieren und zur Aktion auffordern.

Zum Stückinhalt und thematischen Hintergrund:

Die Unterdrückung wird in dem Forumstück auf verschiedenen Ebenen dargestellt. Die Probleme des Pré-vestibular Kurses liegen zum Einen in der strukturellen Benachteiligung im Bildungswesen, zum Anderen in der individualistischen Haltung einiger KursteilnehmerInnen begründet. Die gesellschaftlich bedingten Probleme des Rassismus in der Polizei und des Machismus im Geschlechterverhältnis spiegeln sich im Stück auf der interpersonellen Ebene wider.

Der alternative **Pré-vestibular Kurs** der Comunidade Pedreira ist vor zwei Jahren auf die Initiative des katholischen Pfarrers der Gemeinde aufgebaut worden. Der Kurs will jungen Erwachsenen aus dem Stadtteil, die sich aufgrund ihrer finanziellen Lage einen kommerziellen Pré-vestibular Kurs (ab 200 Reais monatlich) nicht leisten können, ermöglichen, sich auf das Vestibular vorzubereiten. Die Kursgebühr beträgt, wie im Theaterstück beschrieben, sieben Reais[132] monatlich für Material, Essen und Fahrtkosten der LehrerInnen. Jede Lehrerin gibt einmal pro Woche unentgeltlich Unterricht. Die Räumlichkeiten für den Kurs werden von der Kirchengemeinde kostenlos zur Verfügung gestellt.

Zur Zeit wird der Kurs von zwei ehrenamtlichen KoordinatorInnen organisiert. Einer von ihnen, Fernando (29 Jahre), ist auch Mitglied der Theatergruppe[133]. Fernando berichtet von folgenden Problemen, mit denen die KoordinatorInnen zu kämpfen haben:

- Es sind nur wenige LehrerInnen bereit, unentgeltlich, bei schlechter Materialausstattung und in dieser unsicheren Gegend der Stadt zu unterrichten.
- Die Suche nach finanzieller Unterstützung für eine Bezahlung der Lehrer ist umstritten. Es gibt eine Bewegung in Rio des "Pré-vestibular para Negros e

[132] Bei anderen alternativen Pré-vestibular Kursen beträgt die Gebühr i.d.R. 10 % des monatlichen Mindestlohns.

[133] Anfangs sind es noch drei KoordinatorInnen gewesen, da es in der Zusammenarbeit Konflikte gegeben hat, ist eine Frau ausgestiegen. Sie besucht aber noch den Kurs und spielt in der Theatergruppe mit.

Carentes"[134], deren Grundsatz es ist, dass Lehrer diese Arbeit als einen freiwilligen und solidarischen Beitrag leisten.

- Nur wenige TeilnehmerInnen engagieren sich für die Aufrechterhaltung des Kurses. Sie fordern von den LehrerInnen und KoordinatorInnen viel ein, tragen aber selbst wenig zum Gelingen des Kurses bei.

Fernando möchte das Forumtheaterstück der Gruppe *Corpo em Cena* vor dem Kurs aufführen, um diese Probleme zu diskutieren.

Zum **Verhältnis zwischen der Polizei und den BewohnerInnen** des Stadtteils Costa Barros habe ich Valério da Silva, Mitarbeiter der Menschenrechtsorganisation "Bento Rubião", interviewt (vgl. Interview mit da Silva vom 23.09.1999).
Seit Anfang der 90er Jahre hat die Gewalt im Stadtteil Costa Barros und speziell in der Comunidade Pedreira aufgrund bewaffneter Kämpfe zwischen Drogenbanden, die in der Favela vertreten sind, stark zugenommen. Auch wenn sich die Konflikte hauptsächlich zwischen den einzelnen Dealerbanden und der Polizei abspielen, werden die BewonerInnen in Mitleidenschaft gezogen. Sie leiden unter den gewaltsamen Übergriffen sowohl von Seiten der Drogendealer als auch der Polizei. Allein schon die Tatsache, dass jemand Favelado ist, reicht der Polizei aus, um willkürliche Gewalt auszuüben. Besonders Schwarze sind von der Diskriminierung stark betroffen. Die meisten BewohnerInnen haben Angst, sich gegen diese Schikanen zu wehren (vgl. hierzu Kap.1.2).

Meinungen der Mitglieder der Theatergruppe zu den behandelten Themen:

Für sechs der zwölf SpielerInnen ist das im Stück behandelte Problem des Pré-vestibular Kurses auch ein persönlich wichtiges Thema:

> "Der Pré-vestibular ist mein persönliches Anliegen, wie auch bei der Mehrheit der Gruppe, die ja auch den Kurs besuchen. Vielleicht wird es im nächsten Jahr keinen Kurs mehr geben, weil es keine Lehrer mehr gibt" (Interview vom 26.09.1999 mit Celina, 23 Jahre).

> "In diesem Sinne ist die Comunidade Pedreira sehr unterdrückt, die Leute können sich einfach die teuren Kurse nicht leisten.(...) Es sollte kein Vestibular geben, der Abschluss des Segundo Grau sollte für den Eintritt in die Universität genügen" (Interview vom 24.09 1999 mit Márcia, 34 Jahre).

[134] Übersetzt: "Pré-vestibular für Schwarze und Hilfsbedürftige"

"Ein Problem der Bildung in unserem Land ist, dass für die Leute mit geringen sozialen Konditionen die Möglichkeiten fehlen; die bleiben sehr weit hinter denen zurück, die ökonomisch und sozial gut gestellt sind, um einen Studienplatz an einer öffentlichen Universität zu erlangen. (...) Der Kerl, der auf eine Privatschule geht und noch dazu einen guten Pré-vestibular besuchen kann, hat 80 bis 90% Chancen, das Vestibular zu bestehen" (Interview vom 26.09.1999 mit Lucho, 23 Jahre).

Für drei andere Mitglieder der Gruppe ist das Problem der Gewalt und des Rassismus der Polizei, wie es im Stück beschrieben wird, besonders bedeutsam. Eine von den dreien ist selbst Morena[135].

"Die Leute sind schon rassistisch, wenn sie geboren werden. Sie tragen ihn [den Rassismus, D.K.] in sich, auch wenn sie damit aufhören wollten, sie wüssten nicht wie" (Interview vom 24.09.1999 mit Isabell, 28 Jahre).

"Ich habe selber zwar noch keine solchen Erlebnisse gehabt, aber ich höre nachts die Schüsse, und das macht mir Angst" (Interview vom 26.09.1999 mit Lúcia, 17 Jahre).

"Das ist ihnen [der Polizei, D.K.] so gezeigt worden. Der Arme trägt dieses Stigma, der Arme ist der Bandit. Ich glaube, dass ist eine konstruierte Sache, der Polizist ist nur eine Puppe. (...) Der wird manipuliert, er kennt doch selbst das Gesetz nicht. (...) Es muss auch eine Bewusstwerdung in der Polizei geben. (...) Die Polizei beschützt nicht die gesamte Gesellschaft. Was macht sie? Sie beschützt die Reichen vor den Armen. (...) Das ist keine Sache der Polizei, dass macht das ganze System, dass sie so ist" (Interview vom 26.09.1999 mit Marco, 19 Jahre).

3.2.3 Zur Entwicklung des Forumtheaterstückes

Um die Entwicklung und den Arbeitsprozess am Forumtheaterstück der Gruppe *Corpo em Cena* nachzuvollziehen und zu beschreiben, werden zunächst die Darstellungen des Curingas, dann die Meinung der Gruppe und im Anschluss daran meine eigenen Beobachtungen dazu ausgeführt.

Aus Gesprächen mit dem **Curinga** Olivar Bendelak geht hervor, dass die Themensuche zu Beginn der Theaterarbeit nicht problematisch gewesen ist. Schon während des demonstrativen Workshops ist ihm deutlich geworden, dass v.a. der Pré-vestibular Kurs der Comunidade und das Problem der Gewalt die wichtigsten

[135] In der Gruppe gibt es drei Frauen mit dunkler Hautfarbe.

Themen sind. Dahingehend hat der Curinga auch die ersten Theaterübungen gelenkt. Den Entwicklungsprozess der Stückhandlung hat er systematisch angeleitet. Ausgangspunkt ist das Sammeln von persönlichen Erlebnissen einer Unterdrückungssituation jedes Teilnehmenden. Aus diesen Einzelgeschichten entwickelt sich über die Arbeit in Kleingruppen[136] und mit Theaterübungen wie z.B. Statuen oder stummes Theater schließlich eine Geschichte mit unterschiedlichen Unterdrückungssituationen. Diese erste Fassung der Stückhandlung ist von der Gruppe in Improvisationen, die der Curinga angeleitet hat, weiterentwickelt worden. Handlungsleitend in diesem Prozess ist die Frage: Was ist euch an der Geschichte am wichtigsten?

Diese Rohfassung des Stückes hat der Curinga überarbeitet und in die Struktur eines Forumtheaterstückes gebracht sowie den Text der einzelnen Figuren festgehalten. Die überarbeitete Version der Stückhandlung wird von der Gruppe gelesen, diskutiert und gegebenenfalls verändert[137]. Nachdem das Stück auf diese Weise nach und nach entwickelt worden ist, wird es mit der CTO Team und Boal diskutiert. Daraus gehen wiederum Überarbeitungen hervor, die der Curinga in den Text einbaut, und der Gruppe vorlegt. Die Gruppe kann nun entscheiden, ob sie diese Veränderungen annehmen möchte[138]. Der Curinga dazu:

> "Ich versuche die Gruppe von den Vorschlägen zu überzeugen und sie ihnen zu erklären, warum sie gut und wichtig für das Stück sind. Wenn sie die ablehnen, dann müssen sie das auch begründen" (Interview mit dem Curinga Bendelak vom 13.10.1999).

In Bezug auf die Rollenverteilung beobachtet der Curinga schon bei Beginn der Improvisationen, welche Personen für welche Rollen geeignet sein können. Diesen gibt er die entsprechenden Rollen zum Lesen und versucht, sie dafür zu gewinnen. Die endgültige Entscheidung darüber liegt aber bei der Gruppe.

---

136 Dabei werden persönlich bedeutsame Unterdrückungssituationen herausgefiltert und daraus teilweise eine neue Geschichte entwickelt. Über diese Zusammenführung der Geschichten vollzieht sich der Generalisierungsprozess einer individuellen Unterdrückungsgeschichte.

137 Im Vergleich zu einer Gruppe von Ingenieuren und anderen Akademikern der Petrobrás, ist dieser Diskussionsprozess in der Gruppe *Corpo em Cena*, so der Curinga, relativ schnell und unkompliziert verlaufen.

138 Sowohl die Curingas als auch Boal berichten, dass es problematisch ist, alles, was die Gruppenmitglieder mit dem Stück thematisieren wollen, in die Stückhandlung aufzunehmen. Es besteht dabei die Gefahr, dass die Theaterstücke an der Oberfläche bleiben und an Dramaturgie sowie inhaltlicher Aussage verlieren.

"Die Leute müssen von Anfang an wissen, dass sie die Freiheit haben, über alles zu diskutieren, mir alles zu sagen" (Interview mit dem Curinga Bendelak vom 13.10.1999).

Bei der Interpretation der Rollen, so der Curinga, treten bei den SpielerInnen fast immer innere Konflikte und Widersprüche auf. Sie verwechseln und vergleichen sich mit der Figur, die sie spielen. Der Curinga versucht, ihnen dann zu verdeutlichen, dass sie selbst zwar nicht so sind wie die Figur, dass sie aber die gleichen Emotionen in sich tragen.

Im Hinblick auf die künstlerische Ausgestaltung des Theaterstückes denkt der Curinga immer schon einen Schritt voraus. Bei der Entwicklung des Bühnenbildes versucht er, die Fähigkeiten der Gruppenmitglieder einzubeziehen. Einer der Spieler ist Künstler und gestaltet zum größten Teil selbst das Bühnenbild wie z.B. das Polizeiauto aus alten Plastikflaschen[139]. Die Ideen dazu stammen von ihm und von dem Curinga. Die anderen SpielerInnen haben bezüglich der Gestaltung des Bühnenbildes eher in der Ausführung als konzeptionell mitgearbeitet.

Die Musik, die in dem Stück verwendet wird, hat bis auf ein Lied der Curinga eingebracht. Er hat auch die Änderungen an dem Lied-Text vorgenommen. Ebenfalls gehen viele der stilistischen Darstellungen im Stück, wie z.B. die Metapher des Elfmeterschießens für die Prüfungssituation, auf die Ideen des Curingas zurück.

In den Gesprächen und Interviews mit den **Gruppenmitgliedern** haben alle positiv vermerkt, dass sie in den Arbeitsprozess wie z.B. der Entwicklung von Text und Szenen gestaltend einbezogen werden. Zu Beginn der Theaterarbeit sind bei einem Brainstroming viele unterschiedliche Probleme aufgekommen, die in dem endgültigen Theaterstück gar nicht mehr auftauchen. Den meisten sind die Probleme des Pré-vestibular Kurses am wichtigsten.

Ein Spieler bemerkt, dass in dem gesamten Prozess der Stückentwicklung die Ideen des Curingas maßgebend seien. Seine Ideen und Ausarbeitungen würden dann von der Gruppe diskutiert. Da es gute Vorschläge wären, setzten sich diese am Ende meistens durch. Dass sich die Gruppenmitglieder an der konzeptionellen Stückentwicklung nicht so stark beteiligen, sieht er als ein Problem. Als Grund gibt er dafür die mangelnde Zeit außerhalb der Proben an.

[139]Bei den wenigsten der Theatergruppen des CTO wird das Bühnenbild von den Gruppen selbst gestaltet. In der Regel übernimmt diese Aufgabe der Bühnenbildner des CTO, die Gruppen sind dabei nicht an der Konzeption des Bühnenbildes beteiligt.

Eine andere Spielerin erzählt, dass sie zu Beginn der Theaterarbeit zwischen den TeilnehmerInnen der Gruppe Konkurrenz wahrgenommen habe. Ideen und Meinungen, die jemand eingebracht hätte, seien von den anderen nicht angenommen und wertgeschätzt worden sein. Sie hätte daraufhin fast die Gruppe verlassen. Jetzt sei die Atmosphäre wieder besser. Der Curinga Olivar hätte immer betont, dass es keinen gebe, der besser sei als der andere.

Die wenigsten der Gruppenmitglieder haben sich ihre Rolle selbst ausgesucht. Die Rollenverteilung hat sich entweder auf Initiative des Curingas oder aufgrund äußerer Umstände[140] ergeben. Den meisten gefällt es, nach anfänglichen Schwierigkeiten ihre Figur zu interpretieren. Dabei stellen sie z.T. große Ähnlichkeiten oder Unterschiede zu ihrer eigenen Person fest.

Da ich die Anfangsphase der Theaterarbeit nicht miterlebt habe, beziehen sich meine **Beobachtungen** auf den Ausbau sowie die Differenzierung der Stückhandlung und des Textes. Ich habe beobachtet, dass der Curinga während der Proben zum Stück die Regie übernimmt. Er gibt den SpielerInnen viele Vorschläge und Anweisungen, wie sie sprechen und sich bewegen sollen. Nachdem der Stücktext feststeht, wird wenig frei improvisiert. Nur im Rahmen von Übungen, die der Curinga anleitet, variieren die SpielerInnen in größerem Umfang Text und Bewegungsabläufe. Veränderungen oder Überarbeitungen des Stückes erfolgen meistens auf Initiative des Curingas. Er stellt diese der Gruppe zu Beginn einer Probe vor und fragt nach ihrer Meinung. Häufig kann er in der Diskussion die Gruppe für seinen Vorschlag gewinnen. Manchmal kommen auf die Eingaben des Curingas auch keine konkreten Gegenreaktionen. Die Vorschläge, welche die SpielerInnen einbringen werden in der Regel ebenfalls von der Gruppe diskutiert. Es kommt aber vor, dass der Curinga Entscheidungen trifft, ohne die Gruppe zu befragen. Beispielsweise hat er eine Musik, die ein Spieler zur Unterstützung der Wahlkampfszene mitgebracht hat, abgelehnt, ohne dies mit der Gruppe zu besprechen. Von der Gruppe hat es darauf keine Reaktionen gegeben.

Ich habe festgestellt, dass die SpielerInnen inhaltlich mit ihrem Stück zufrieden sind. Die schauspielerische Darstellung der einzelnen Charaktere, so ein Spieler, müsse aber noch weiterentwickelt werden.

---

[140] Da jeweils zwei TeilnehmerInnen neu dazu gekommen und zwei ausgestiegen sind, müssen einige Rollen neu besetzt werden.

3.2.4 Zu den Proben

Um den organisatorischen und inhaltlichen Ablauf der Proben und die Kommunikationsstruktur in der Gruppenarbeit zu beschreiben, die wesentlichen Beobachtungen dazu aus den einzelnen Beobachtungsprotokollen zusammengefasst.

Zum organisatorischen Rahmen der Proben:

Die Proben der Gruppe *Corpo em Cena* finden in der Regel einmal wöchentlich an einem festen Termin statt; vor Aufführungen wird z.T. öfter geprobt. Die Proben nehmen eine Zeitraum von ca. 3 bis 3 ½ Stunden in Anspruch. Eine Pause ist normalerweise nicht vorgesehen. Geprobt wird entweder in einem Raum des Bildungszentrums (CFPP) der Comunidade Pedreira oder der Menschenrechtsorganisation "Bento Rubião", die in der Comunidade Pedreira einen Nucleo[141] aufgebaut hat. Beide Räume werden der Gruppe kostenlos zur Verfügung gestellt. Die Räume sind für die Theaterarbeit allerdings relativ klein und beengt.

Zum Ablauf der Proben:

Der Ablauf der Probe erfolgt in allen Gruppen des CTO nach einer bestimmten Struktur. Zu Beginn einer Probe werden in einer Gesprächsrunde die anliegenden organisatorischen und inhaltlichen Aspekte der Theaterarbeit besprochen. Darauf folgt die Aufwärmphase für die anschließende konkrete Probe am Theaterstück. Am Ende der Probe findet eine Abschlussrunde statt. Die meisten Proben können nicht pünktlich beginnen, da die GruppenteilnehmerInnen oft verspätet eintreffen. Zum festgesetzten Zeitpunkt sind häufig nur zwei bis drei Leute anwesend. Bis schließlich alle SpielerInnen eingetroffen sind, dauert es ca. 15-25 Min. In dieser Phase ist Zeit für persönliche Gespräche. Nicht alle SpielerInnen nehmen an der Probe regelmäßig teil. Gründe für die fehlende Teilnahme sind häufig die Arbeit oder andere Verpflichtungen. Eine Spielerin, die zeitweise aus der Gruppe ausgestiegen ist, erscheint des öfteren nicht zur Probe. Sie wird dann manchmal extra von zu Hause abgeholt.

I Die Gesprächsrunde*:*

Die Gesprächsrunde zum offiziellen Beginn der Probe wird von dem Curinga vorbereitet und geleitet. Der Zeitrahmen für die Besprechung beträgt je nach Umfang

[141] Der Nucleo ist eine Außenstelle der Organisation, in der v.a. Basisarbeit geleistet wird.

der Themen ca. 15 bis 45 Minuten. Die organisatorischen und inhaltlichen Bereiche, von denen bei einer Probe jeweils nur einige angesprochen werden, sollen im Folgenden an einigen konkreten Beispielen dargestellt werden.

Organisatorische Aspekte der Theaterarbeit:

Vom Curinga wird des öfteren auf die *Pünktlichkeit und kontinuierliche Teilnahme* an den Proben hingewiesen, die aus seiner Sicht für das Gelingen der Theaterarbeit unerlässlich sind.

Selbstorganisierte Probe: Kann der Curinga einen Probentermin nicht wahrnehmen, fordert er die Gruppe auf, sich trotzdem zur Probe zu treffen. Im Vorfeld gibt er den SpielerInnen Hinweise, welche Szenen geprobt und worauf dabei geachtet werden soll.

Einführung neuer Gruppenmitglieder: Zwei neue Gruppenmitglieder sind während meiner Begleitung der Gruppe dazugekommen. Die neuen TeilnehmerInnen werden vom Curinga der Gruppe vorgestellt. Sie können an den Proben zunächst "zum Schnuppern" teilnehmen und dann entscheiden, ob sie dabei bleiben möchten. Weitere Informationen über die Theaterarbeit gibt der Curinga zunächst nicht; diese ergeben sich aus der Begleitung des Arbeitsprozesses.

Planung von Aufführungen: Ihre zweite öffentliche Aufführung hat die Gruppe vor dem Pré-vestibular Kurs der Comunidade. An der Organisation und den Absprachen für die Aufführung muss sich auch die Gruppe beteiligen. Dafür werden in dieser Runde die Aufgaben verteilt. Fernando, der Koordinator des Kurses, hat Fotos vom Kurs und dem Raum, in dem die Aufführung stattfinden soll, mitgebracht. Der Curinga schaut sich die Bilder genau an und stellt Fragen zum Kurs. Er weist die Gruppe daraufhin, dass dieses Publikum genau die Zielgruppe ihres Theaterstücks sei. Einige aus der Gruppe sind schon sehr gespannt, wie der Kurs reagieren wird, anderen ist es peinlich, vor Menschen zu spielen, die sie gut kennen.

Der Curinga fordert die Gruppe auf, selbst nach weiteren Aufführungsorten zu suchen und Gruppen bzw. Institutionen anzusprechen, die an dem Thema des Stückes interessiert sein könnten. Von der Gruppe werden daraufhin einige Ideen eingebracht, aber nur ein Spieler notiert sich dazu Namen und Adressen. Zur nächsten Probe hat er bereits jemanden angesprochen.

Informationen vom CTO: Der Curinga lädt zu Aufführungen der anderen Theatergruppen ein und berichtet von Veranstaltungen, an denen das CTO

teilgenommen hat, wie z.B. einem nationalen Theaterfestival im Bundesstaat São Paulo, bei dem das CTO Team aufgetreten ist.
Die Finanzierung des Projektes des Legislativen Theaters läuft Ende Oktober aus. Daher ist Anfang Oktober ein abschließendes Theaterfestival geplant, an dem alle Gruppen, die an dem Projekt teilnehmen, ihre Arbeit vorstellen. Deswegen müssen geplante Aufführungen, so der Curinga, abgesagt und noch verstärkt am Stück geprobt werden. Er will zusätzliche Proben ansetzen. Für die meisten Gruppenmitglieder ist dies aber schwierig, da die Probeklausuren für das Vestibular anstehen. Dennoch werden Termine vereinbart, an denen nicht alle teilnehmen können.

Inhaltliche Themen der konkreten Theaterarbeit:
Änderungen am Stück: Änderungsvorschläge, die das Theaterstück betreffen, können entweder in dieser Runde oder bei der anschließenden Probe der Szenen eingebracht werden. Ein Spieler kritisiert z.B., dass die Hauptfigur João am Ende des Stückes zu schwach dargestellt sei; das würde das Publikum nicht zur Intervention motivieren. Der Curinga argumentiert dagegen, dass der Protagonist im Forumtheater nicht zu stark sein dürfe. Man könnte dies in der anschließenden Probe am Stück noch besprechen. Dazu ist es aber nicht gekommen. Insgesamt gesehen äußert selten eine SpielerIn an dieser Stelle Veränderungswünsche zum Stück. Meistens stellt der Curinga seine Ideen und Überarbeitungen vor, wobei die Gruppe diese oft zur Kenntnis nimmt. Manchmal findet auch eine Diskussion darüber statt. Die wenigsten Vorschläge werden aber am Ende abgelehnt.
Reflexion der Aufführungen: Die Aufführungen des Forumtheaterstücks werden in der darauffolgenden Probe gemeinsam reflektiert. Dazu befragt der Curinga die Gruppenmitglieder zunächst nach ihren Eindrücken. Als besonders positiv ist der Kontakt zu den anderen Theatergruppen auf einem der kleineren Theaterfestivals des CTO empfunden worden. Da die Gruppe ihr Stück erst ein- bzw. zweimal aufgeführt hat, erzählen sie v.a. wie sie sich auf der Bühne und in ihrer Rolle gefühlt haben. Einige bemerken, dass sie nicht wissen, wie sie auf die Interventionen aus dem Publikum reagieren sollen.
In einem zweiten Schritt werden die Interventionen genauer analysiert. Dabei stellt der Curinga Fragen: Welche Argumente hat der Zuschauende bei der Intervention eingebracht? Wie haben sich die SpielerInnen ihm gegenüber verhalten? Sind sie in ihrer Rolle geblieben? Haben sie sich von den Argumenten überzeugen lassen?

Schließlich stellt der Curinga fest, dass die Charaktere der einzelnen Figuren im Hinblick auf das Forum weiter ausgearbeitet werden müssen. Einige SpielerInnen stimmen ihm zu.

Auswertung der eingereichten Gesetzesvorschläge: Die bei den Aufführungen schriftlich eingegangenen Gesetzesvorschläge werden von der Gruppe gelesen und ausgewertet. In der Analyse wird v.a. diskutiert, ob die einzelnen Vorschläge realistisch sind und welche Ideen man davon weiter verfolgen könnte. Eine differenzierte Analyse der Gesetzesvorschläge nimmt ein Team des CTO vor[142].

Konzeption des Forumtheaters: Der Curinga liest einen Textausschnitt aus Boals Buch "Teatro Legislativo" vor. Der Text behandelt das Problem der Rolleninterpretation. Boal schreibt, dass viele der Theatergruppen des CTO das Theater mit den "Telenovelas"[143], die sie im TV sehen, verwechseln und sich daher die Interpretation ihrer Rolle anfangs problematisch gestaltet. Der Curinga will mit diesem Text die Authentizität in der Darstellung einer unterdrückten Figur ansprechen, die nur von denen, die diese Unterdrückung erleben, wahrhaftig umgesetzt werden kann. Thema der darauffolgenden Diskussion in der Gruppe sind die "Telenovelas". Während einige aus der Gruppe diese gern sehen, kritisiert ein Spieler, dass sie nicht realistisch seien.

II Aufwärmphase:

Die Aufwärmphase vor der konkreten Probe am Theaterstück dauert ca. 30 Minuten. Die Übungen und Spiele, die der Curinga anleitet, sollen den Körper nicht nur warm und locker machen, sie dienen auch der bewussten Wahrnehmung der Möglichkeiten und Funktionen des eigenen Körpers[144]. Im Theater der Unterdrückten werden die Übungen und Spiele fünf verschiedenen Kategorien[145] zugeordnet, die der

---

[142] Vgl. hierzu: Die Ausführungen zum Legislativen Theater in Kapitel 1.

[143] "Telenovelas" bezeichnen die Fernsehserien, die in den brasilianischen TV-Programmen täglich zu sehen sind. Boal nennt die Form der schauspielerischen Interpretation in den "Telenovelas" einen oberflächlichen Realismus, weil die FernsehschauspielerInnen in den Serien Personen spielen, deren Lebensrealität und sozialer Status sich von den ihrigen oft sehr stark unterscheidet (vgl. Boal 1996, S.94).

[144] Boal unterscheidet auf einer analytischen Ebene zwischen (Körper-)Übung und Spiel. Während die Übungen eine physische Reflexion über sich selbst im Sinne einer Selbstbeobachtung des Körpers, seiner Bewegungsstrukturen und -mechanismen darstellen, sind die Spiele auf die Ausdruckskraft des Körpers als Medium der Kommunikation ausgerichtet. In der Praxis sind Übung und Spiel meistens nicht voneinander zu trennen (vgl. dazu Boal 1998, 87).

Bewusstwerdung der einzelnen Sinne und ihrer Integrität dienen sowie die verbale und non-verbale Kommunikation ansprechen. In der Aufwärmphase soll jede dieser fünf Kategorien in den Übungen und Spielen auftauchen.

Beispielsweise leitet der Curinga eine Übung an, bei dem sich die Gruppe in zwei Hälften teilt. Der eine Teil der Gruppe ist Bildhauer, der andere ist das Material und hält die Augen geschlossen. Jeder Bildhauer sucht sich eine Person, die das Material darstellt, "modelliert" dessen Körper zu einer Statue, die in irgendeiner Weise mit den anderen Statuen verbunden wird, und flüstert ihr einen Namen zu. Dann stellen die Bildhauer ihre Statue selbst nach. Die erste Statue löst sich auf. Die SpielerInnen gehen mit geschlossenen Augen durch den Raum und versuchen, die Kopie ihrer selbst zu finden. Zur Kontrolle können sie den Namen nennen.

Aufwärmphase während der Probe: Eine Übung zum Statuentheater
Foto: Kempchen

Diese Übungen und Spiele scheinen allen Gruppenmitgliedern viel Spaß zu machen. Jede ist konzentriert und engagiert bei der Sache. Es entwickeln sich kreative Bewegungsformen, wobei enge Körperkontakte nicht gescheut werden.

In dieser Phase können sich die SpielerInnen gestaltend einbringen, indem Spiele auf ihre Idee hin abgewandelt werden oder sie selbst Übungen vorschlagen und anleiten.

[145] Die fünf Kategorien der Aufwärmübungen:

1. Kategorie: Fühlen was man berührt.
2. Kategorie: Zuhören was man hört.
3. Kategorie: Aktivierung der verschiedenen Sinne (das Sehen bleibt zunächst ausgeschlossen)
4. Kategorie: Schauen was man sieht.
5. Kategorie: Sinnesgedächtnis.

Kann der Curinga bei der Probe nicht von Beginn an dabei sein, führt die Gruppe selbständig die Aufwärmübungen durch[146].

III Probe am Stück:

Das eigentliche Proben des Theaterstücks nimmt 1 ½ bis 2 Stunden in Anspruch, wobei die Arbeit am Stück unter Anleitung des Curingas erfolgt. Er gibt vor, welche Szenen geprobt werden sollen und führt die Regie. Beim Durchspielen der einzelnen Sequenzen kommentiert und korrigiert er die Darstellung. Dabei werden für jede Szene feste Bewegungsabläufe und Schrittfolgen entwickelt sowie Marcações[147] gesetzt. An der Erarbeitung der Choreographie ist der Curinga maßgeblich beteiligt. Sie wird durch das wiederholte Spielen der Sequenz einstudiert.

Der Text für die Rollen muss zu Hause gelernt werden. Besonders eine SpielerIn hat große Schwierigkeiten, sich ihren Text zu merken, sie kommt beim Spiel immer wieder ins Stocken und unterbricht den Spielfluss. Die MitspielerInnen reagieren darauf z.T. etwas genervt. Der Curinga gibt ihr und der Gruppe verschiedene Hilfestellungen zum Lernen des Textes[148].

Um die Interpretation und Charakterisierung der einzelnen Figuren weiter auszubauen und das Einfühlen in die Rolle zu fördern, wendet der Curinga verschiedene Theaterübungen an. Folgende Übungen zur Rollenentwicklung werden häufig genutzt:

"Para e Pensa!"[149]: Beim Spielen einer Szene friert die Bewegung der SpielerInnen auf ein Zeichen des Curingas ein. Jede SpielerIn spricht laut aus, was die Figur, die sie spielt, in diesem Moment denken könnte. Diese Improvisation fällt den SpielerInnen schwer. Der Curinga hilft über konkrete Fragen, die er an die Figur stellt, weiter.

---

[146] Ich habe keine Probe ohne den Curinga erleben können. Im Vorfeld einer selbstorganisierten Probe, hat er der Gruppe Vorschläge zur Organisation gemacht, z.B. drei SpielerInnen überlegen sich jeweils eine Aufwärmübung und leiten diese an.

[147] Marcações bezeichnen bestimmte Anhaltspunkte, an denen der Rollentext mit einer festgelegten Bewegung des Spielers korrespondiert.

[148] Die Curingas berichten, dass einige SpielerInnen an diesem Punkt der Theaterarbeit – dem Textlernen - die Gruppe verlassen. Der vermutliche Grund, so eine der Curingas, sei das mangelnde Selbstvertrauen, diese neue Aufgabe zu bewältigen.

[149] Übersetzt: Stopp und Denk nach!

"Emoção abstrata como animais"[150]: Jede SpielerIn sucht sich passend zu ihrer Rolle eine Tierfigur und spielt die Rolle mit den Charakteristiken dieses Tieres. João tritt als weise Eule auf, sein Bruder Paulo dagegen als alberner Affe. Der Vater gebärdet sich als wilder Hund mit einer tiefen Stimme, die Mutter steht als winselnde Hündin vor ihm. Bei der Gruppe ruft das Spiel viel Gelächter hervor. Wenn sich die SpielerInnen konzentrieren, gelingt ihnen eine kreative Improvisation ihrer Rolle.

"Interrogatório" [151]: Eine SpielerIn sitzt als die Figur, die sie spielt, auf dem heißen Stuhl und wird von der Gruppe befragt. Die Fragen beziehen sich auf die Biographie, die Ideologie und Meinung über die anderen Figuren oder Geschehnisse im Stück. Wenn jemand bei der Beantwortung einer Frage nicht weiterkommt, hilft die Gruppe. Der Curinga fordert die SpielerInnen auf, zu überlegen, welche unterschiedlichen und z.T. widersprüchlichen Wünsche sich in ihrer Rollenfigur vereinen bzw. miteinander konkurrieren. Die Koordinatorin des Pré-vestibular Kurses z.B. setzt sich einerseits für die Organisation des Kurses ein, andererseits unterstützt sie am Ende des Stückes Joãos Engagement für die Erhaltung des Kurses nicht.

Das Theaterspielen selbst gefällt den SpielerInnen, insbesondere die Improvisationsübungen, die der Curinga anleitet. Auf das wiederholte Spielen der Szenen reagieren sie aber nach kurzer Zeit ungeduldig und genervt. Während der Curinga mit ein paar Leuten an einer Szene probt, sitzen die übrigen meistens in einer Ecke und unterhalten sich. Nur ab und zu geben sie einen Kommentar zur Inszenierung einer Sequenz. Des öfteren fordert der Curinga sie zur Konzentration auf. Auf das Stöhnen einiger Gruppenmitglieder entgegnet er, dass Theaterspielen eine harte Arbeit sei.

IV Abschluss:

Am Ende der Probe versammelt sich die Gruppe zu einer Abschlussrunde, um die Theaterarbeit zu reflektieren. Hier soll jeder zu Wort kommen können. Meistens bleibt dafür weder die Zeit, noch ist bei den SpielerInnen die notwendige Konzentration dafür vorhanden. So zieht der Curinga ein kurzes Resumée der Probe und erinnert an evtl. Aufgaben, die von Einzelnen übernommen worden sind.

[150] Übersetzt: Abstrakte Emotionen als Tiere

[151] Übersetzt: Befragung

Zur Kommunikation:

Die grundlegende Kommunikationsregel in der Arbeit mit dem Theater der Unterdrückten, so der Curinga, lautet: Jeder kann sich jeder Zeit zu Wort melden. Die Ansprechperson im Arbeitsprozess während der Probe ist in erster Linie der Curinga. Die einzelnen Gruppenmitglieder wenden sich mit Änderungsvorschlägen oder Kritik an ihn. Der Curinga leitet diese in den meisten Fällen an die Gruppe weiter, indem er die Meinung der Gruppe einfordert. Nur der Curinga äußert im Arbeitsprozess direkte Kritik am Arbeitsverhalten der Gruppenmitglieder. Von ihm werden auch Konflikte angesprochen, die sich bei der Gruppenarbeit aufgebaut haben.

Der Umgangston in der Gruppe untereinander und mit dem Curinga ist freundlich. Es werden häufig Witze gemacht und über- bzw. miteinander gelacht.

Den Schwerpunkt des kommunikativen Handelns in der Gruppe bildet die Theaterarbeit. Die Themen – der Pré-vestibular Kurs sowie die Gewalt und der Rassismus der Polizei – sind bei der Stückentwicklung, der Reflexion der Aufführung und der Auswertung der eingereichten Gesetzesvorschläge Gegenstand der Kommunikation. Auf das einzelne Gruppenmitglied wird v.a. in Bezug auf seine Rolle im Theaterstück eingegangen. Die Beziehungsebene innerhalb der Theatergruppe ist nur bei konkreten Anlässen Gegenstand der Kommunikation, wie z.B. wenn Pünktlichkeit und Zuverlässigkeit oder die Begegnung mit anderen Gruppen des CTO angesprochen werden.

3.2.5 Zu den Aufführungen

CTO interne Aufführung:

Ihre erste öffentliche Aufführung hat die Gruppe *Corpo em Cena* auf der *II Mostra Carioca do Teatro Legislativo*[152], welches das CTO organisiert. Zwei Tage vorher findet im CTO eine Generalprobe statt, bei der Boal und die anderen Curingas die Qualität des Stücks und der theatralen Darstellung im Hinblick auf die Aufführung bewerten. Neben den CTO MitarbeiterInnen sind die Gruppen *Corpo em Cena* und *Artemanha*[153], eine Gruppe von jungen Erwachsenen, die seit 1½ Jahren besteht, anwesend.

---

[152] Öffentliche Theateraufführungen zum Legislativen Theater

[153] Übersetzt: Kunstmanie

Die SpielerInnen der Gruppe *Corpo em Cena* sind zum ersten Mal im CTO; Boal, die anderen Curingas und Theatergruppen kennen sie nur flüchtig. Sie spielen als erste Gruppe; aus dem Forumtheaterstück werden die zwei Szenen dargestellt, welche die Gruppe bis dahin geprobt hat:
1.Szene: Die Abschlussprüfung des *Segundo Grau* als Elfmeterschiessen mit der anschließenden Diskussion in der Familie um Joãos weitere Ausbildung.
2.Szene: Die Polizeikontrolle[154]

Zu Beginn der Präsentation stellt der Curinga die Gruppe und den Titel des Stückes vor. Anschließend werden die beiden Szenen gespielt. Nach der Aufführung tritt der Curinga vor die ZuschauspielerInnen und fordert sie auf, in das Stück zu intervenieren und eine Szene zu verändern.
Zunächst ist Stille im Raum, dann diskutieren die Anwesenden laut untereinander über mögliche Ideen und Vorschläge, wobei der Curinga in die Diskussion nicht weiter eingreift.

1. Intervention:
Es meldet sich Richard, der Musiker des CTO. Er erzählt, wie er sich verhalten würde, wobei der Curinga ihn auffordert, diesen Vorschlag selbst zu spielen. Richard, ein Schwarzer, ersetzt Carlos in der Szene der Polizeikontrolle an der Stelle, an der die Polizisten die drei jungen Leute brutal durchsuchen, ihre Ausweise sowie Auskunft über die Arbeit des Vaters verlangen.
Der eingewechselte Carlos tritt selbstbewusst auf und entgegnet der Polizei: "Wieso soll ich die Arbeitsdokumente meines Vaters dabei haben, um euch zu beweisen, dass er wirklich einen Job hat?" Daraufhin fordert ein Polizist seinen Ausweis. "Wieso soll ich meinen Ausweis vorzeigen, den hab` ich im Kopf! Zeigt ihr mir erst mal eure Papiere, woher soll ich wissen, ob ihr wirklich von der Polizei seid?!" Der Polizist weiß sich nicht zu wehren, er droht Carlos, ihn mit auf die Wache zu nehmen.
Das Publikum johlt und applaudiert, es werden Kommentare hereingerufen, um Carlos zu unterstützen.
Der Curinga tritt auf und fragt, ob dies eine Lösung für die Situation sei. Die meisten aus dem Publikum bestätigen dies laut. Ein Spieler aus der Gruppe *Artemanha* erhebt

[154] Hier wird die Rolle der Carlinha von einem schwarzen Mann als Carlos gespielt. Er ist jetzt nicht mehr in der Gruppe.

einen Einwand. Die Polizei würde sich nicht nur gegen Schwarze so brutal und diskriminierend verhalten. Es läge nicht an der Hautfarbe, sondern daran, ob jemand aus der Ober- und Mittelschicht komme oder aus der Unterschicht. Diese Situation passiere in der Nähe einer Favela, an einem anderen Ort wäre dies möglicherweise nicht so. Einige der Anwesenden widersprechen ihm, die Diskriminierung gegenüber Schwarzen sei besonders extrem und nicht nur in der Peripherie der Stadt. Der Curinga lässt die ZuschauspielerInnen untereinander diskutieren und interveniert nicht.

2. Intervention:

Während der Diskussion meldet sich einer der anderen Curingas, er ist weiß und will nun Carlos ersetzen. Boal macht darauf aufmerksam, dass es etwas anderes sei, wenn ein Weißer die Rolle eines Schwarzen spiele. Er fordert den schwarzen Spieler dann auf, in die Rolle des Polizisten zu gehen.

In der Szene spielt der Schwarze den Polizisten brutaler und aggressiver als der weiße Spieler, der diese Rolle im Stück normalerweise ausführt. Der weiße Carlos antwortet dem Polizisten selbstbewusst, schaut ihm in die Augen, im Gegensatz zum Carlos im Stück. Dennoch schafft er es nicht, sich gegen die machtvolle Autorität durchzusetzen.

Der Curinga fordert das Publikum zu Meinungsäußerungen auf. Es wird diskutiert, wobei sich zunächst die anwesenden Curingas engagiert beteiligen. Jeder Zuschauspieler antwortet direkt auf den Beitrag eines anderen. Die Diskussion wird von dem Curinga nicht geleitet. Boal weist daraufhin, dass der Schwarze den Polizisten viel brutaler spielt, weil er selbst diese Unterdrückung erlebt und somit auch die Verhaltensweisen und Eigenschaften seines Unterdrückers kennt.

Etwas zaghaft melden sich jetzt auch zwei Frauen aus der Gruppe *Corpo em Cena* zu Wort. Ihr Beitrag wird interessiert angehört und diskutiert.

Anschließend beendet der Curinga die Diskussion und stellt jeden einzelnen Spieler vor. Er erläutert das Theaterstück und die Darstellungsweise. Auch weist er auf das Auto aus Plastikflaschen und seinen Produzenten aus der Gruppe hin. Er berichtet von dem Bildungszentrum der Comunidade Pedreira, das mit Hausmüllrecycling arbeitet. Die Anwesenden sind von dem Bühnenbild begeistert. Die anderen Curingas und Boal stellen heraus, was an der Darstellung positiv gewesen ist und worauf die SpielerInnen noch achten sollen. Dabei spricht Boal die SpielerInnen direkt an und fragt sie, wie sie sich bei ihrer ersten Aufführung gefühlt haben. Am Ende betont er, dass ihm das Stück und die Darstellung gut gefallen habe.

Aufführung vor dem Pré-vestibular Kurs in der Comunidade Pedreira:

Die Gruppe *Corpo em Cena* führt ihr Forumtheaterstück vor dem Pré-vestibular Kurs der Comunidade Pedreira zum zweiten Mal öffentlich auf. Die Aufführung findet im Raum des Pré-vestibular Kurses der Kirchengemeinde São Luiz Rei in Costa Barros während der abendlichen Unterrichtszeit statt. Das Publikum setzt sich aus den TeilnehmerInnen und LehrerInnen des Kurses, MitarbeiterInnen des *Centro de Formação Profissional da Pedreira*, Freunden und KirchenbesucherInnen zusammen. Bei der kostenlosen Veranstaltung sind ca. 60 Leute anwesend. Für die Präsentation hat die Gruppe die Wanderbühne des CTO aufgebaut.

Aufführung vor dem Pré-vestibular Kurs: das Publikum. Foto: Kempchen

Zu Beginn der Präsentation begrüßt der Curinga das Publikum, stellt sich und das CTO-Rio kurz vor; er erläutert dabei auch die Zielsetzung des Theaters der Unterdrückten, das Theater als Instrument zur Mobilisierung zu nutzen. Ebenso werden die Gruppe *Corpo em Cena* und die Themen ihres Theaterstücks vorgestellt. Anschließend erläutert der Curinga dem Publikum die Technik des Forumtheaters und betont den Unterschied zwischen einem Unterdrückten und Deprimierten[155]. Für den zweiten Teil der Aufführung, dem Forum, sei die Partizipation des Publikums fundamental, so der Curinga. Die Diskussion über die Probleme des Stückes soll in theatralischer Weise erfolgen. Jede der ZuschauspielerInnen ist aufgefordert, über Veränderungsmöglichkeiten nachzudenken und sie in Szene auszuprobieren. Im Anschluss daran sollen diese Vorschläge mit dem Publikum analysiert werden.

Der Curinga verteilt vom CTO vorgefertigte Zettel, auf denen das Publikum schriftliche Vorschläge für Gesetze, die mit dem dargestellten Problemen zusammenhängen, einreichen kann. Er erklärt, dass diese Vorschläge von der Theatergruppe und einem Team des CTO ausgewertet werden. Nützliche Ideen sollen über das *Forum Popular do Orçamento* in das Stadtparlament eingebracht werden. Dies, so der Curinga, sei die Weiterentwicklung des Theater der Unterdrückten zum Legislativen Theater.

Im Anschluss an diese Einführung, die ca. 10 Minuten dauert, leitet der Curinga zwei einfache Übungen an, die das Publikum für den szenischen Einsatz nach der Aufführung aufwärmen sollen. Bei den Übungen bleiben die ZuschauspielerInnen an ihren Plätzen. Sie machen die Übungen bereitwillig mit; die ungewöhnlichen Bewegungskoordinationen rufen viel Gelächter hervor. Eine Zuschauspielerin wird vom Curinga auf die Bühne geholt, um ihre Ausführung der Übung vor dem Publikum zu präsentieren.

Danach kündigt der Curinga die Gruppe und ihr Theaterstück an. Die Aufführung beginnt; sie dauert ca. 20 Minuten. Das Publikum gibt bei witzigen Szenen Kommentare; es wird viel gelacht. Gleichzeitig zeigen sich die ZuschauspielerInnen betroffen angesichts der Unterdrückung, die dargestellt wird. Am Ende des Stücks geben sie einen langen Applaus. Der Curinga betritt die Bühne und analysiert mit dem Publikum den Inhalt des Stückes, anschließend eröffnet das Forum. In diesem Moment verlässt ca. 1/4 des Publikums den Raum.

Analyse des Forumstückes[156]:

Curinga:	"Die Geschichte, die ihr gesehen habt, könnte sie real sein?"
Zuschauspielerin:	"Ja, so etwas passiert." *Der Rest bleibt still*
Curinga:	"Passiert so etwas, ja oder nein?"
Publikum:	"Das passiert!"
Curinga:	"Kennt ihr diese Probleme, die die Schüler aus dem Pré-vestibular Kurs haben? Passiert das im Stadtteil Pedreira?" *Stille*

[155] Ein Unterdrückter ist eine Person, die einen Wunsch hat, ihn aufgrund irgendwelcher Umstände aber nicht realisieren kann. Während der Unterdrückte für die Realisierung seines Wunsches kämpft, hat der Deprimierte gar keine Motivationen. Er bleibt passiv.

[156] Ausschnitt aus einer Audioaufnahme der Aufführung vom 01.09.1999.

Curinga: "Die Spieler zeigen eine Situation, die sie verändern wollen. Sie wollen Lehrer für ihren Kurs organisieren, aber es klappt nicht. Und was will João versuchen?"

Zuschauspielerin: "Sich für den Kurs einschreiben."

Curinga. "Ja, er hat sich in den Kurs eingeschrieben und was hat er dann festgestellt? Es fehlen Lehrer. Jetzt hat er eine Idee, wie man die Situation verändern kann. Was will er machen?"

Zuschauspieler: "Er will die Leute zu einer gemeinsamen Aktion mobilisieren."

Curinga: "Gibt es noch jemanden der die Situation verändern will? Was macht z.B. diese Figur?" *zeigt auf die Koordinatorin*

Stille

Curinga: "Wer ist sie?"

Publikum: "Die Koordinatorin."

Curinga. "Was macht sie. Sie versucht Lehrer für den Kurs zu bekommen. Daneben gibt es noch ein anderes Problem. Hier haben wir Carlinha. Hat Carlinha auch Probleme, was für Probleme hat sie?"

Zuschauspieler: "Rassismus, Diskriminierung."

Curinga: "Also es gibt verschiedene Situationen mit Figuren, die unterdrückt sind. Jetzt kommen wir zu dem wichtigsten Teil: Was würdet ihr machen, um diese Situationen zu verändern? Es kann in irgendeinem Moment, für irgendeine Figur sein. Ich gebe euch eine Minute, damit ihr eure Ideen austauschen könnt."

Die ZuschauspielerInnen diskutieren miteinander

Verlauf des Forums:

1. Intervention: *Nach ca.3 Minuten meldet sich ein Zuschauspieler und kommt auf die Bühne. Er ist ein Kursteilnehmer. Das Publikum applaudiert. Der Curinga fragt ihn nach seinem Namen und fordert ihn auf die Szene und die Figur zu nennen, für die er einwechseln möchte.*

Der Zuschauspieler ersetzt João. Es wird die letzte Szene gespielt, in der João den Kurs auffordert, sich am Samstag zu treffen, um gemeinsam zu überlegen, wie sie dem Abgeordnetem ihres Wahlkreises ihr Problem vortragen könnten.

Curinga: "Die erste Intervention mit Jorge!"

(...)

Schüler: "Diesen Samstag kann ich nicht. Ich habe Training für das Spiel am Sonntag: Pedreira gegen Lagartixa. Da kann ich nicht fehlen."

Carlinha: "Ich kann auch nicht. Ich muss meinem Vater in seinem Laden helfen. Aber geh du doch zum Kabinett und vertrete uns!"

Koordinatorin: "Ich habe eine Versammlung wegen dem Pré-vestibular, da kann ich nicht fehlen!"

Teresa: "Ich bin es leid, weißt du?! Ich werde meinen Kopf nicht mehr belasten mit Lehrer, Unterricht, Vestibular..."

João: "Okay, wenn wir uns nicht zusammen tun und versuchen, das Problem zu lösen, dann werden wir nichts erreichen. Das ist ein Problem, das uns alle angeht!"

Schülerin: "Ich weiß, dass das unser Problem ist, aber wir haben auch noch ein anderes Leben, da draußen!"

João: "Probleme gibt es immer im Leben. Und wir müssen kämpfen, wenn wir uns vereinen gegen die, dann können wir unser Problem lösen. Allein kann ich nichts bewegen. Ich brauche eure Hilfe. Wollt ihr mitmachen?"

Teresa: "Wir wollen. Aber im Moment können wir nicht. Wir haben andere Verpflichtungen. Im Moment sind keine Wahlen, da kümmert sich keiner um uns!"

João: "In deinem Fall." *Er zeigt auf Carlinha* "kann man viel mehr erreichen, wenn man mehr weiß über den Rassismus. Wodurch? Durch Bildung! Du brauchst das Wissen, du brauchst Bildung, um voranzukommen und respektiert zu werden."

Alle: "Und was sollen wir machen?"

João: "Zusammen Lehrer organisieren und uns dann gemeinsam weiterbilden. Was ist mit dir?"

Schülerin: "Ich kann nicht, ich habe Training!"

João: "Weißt du, dass die Mittelklasse das meiste Geld am Sport verdient?"

Schülerin: "Darum trainiere und kämpfe ich ja auch!"

João: "Ein Spieler in der unteren Liga verdient 120 Reais weniger als einen Mindestlohn. Ist es das, was du willst? Durch Bildung können wir etwas erreichen!"
Der Curinga tritt auf die Bühne. Applaus.

Reflexion der 1. Intervention:

Curinga: "Was denkt ihr, hat Jorge die Situation verändern können? Was waren seine Argumente? Was hat er anders gemacht als João?"
Das Publikum redet untereinander

Zuschauspieler: "Vereinigung, Bildung."

Curinga: "Wie hat er das gemacht?"

Zuschauspieler: "Die Bildungssituation in unserem Land heutzutage ist sehr schwierig."

Curinga: "Ja. Hat er es geschafft, diese Figur so zu verändern, dass der Kurs auf seinen Vorschlag eingeht?"

Zuschauspieler: "Er hat sie aufgefordert, sich zusammen zu tun."

Curinga: "Ja, das hatten wir schon. Was hat er zu Carlinha gesagt? Erinnert ihr euch?"
Stille

Curinga: "Er hat gesagt, dass das Problem, das sie habe, den Rassismus, sie zu lösen versuchen könne, indem sie studiere, sich weiterbilde. Dann könne sie sich wehren. Er hat versucht, die Leute zu motivieren, mit ihm zu gehen. Applaus für Jorge." *Applaus*

Der Curinga leitet die Diskussion zur 1. Intervention.

Foto: Kempchen

Vorbereitung der 2. Intervention:

Curinga: "Wer hat eine andere Idee? Es kann eine andere Situation sein, eine andere Figur."
Das Publikum redet untereinander

Curinga: "Ich sehe du hast eine Idee! Komm probier es einfach aus!"
zeigt auf einen Zuschauspieler
Applaus
Ein Zuschauspieler kommt auf die Bühne. Er will ebenfalls für João in der letzten Szene einwechseln.

Curinga: "Luís wird João ersetzen!"

2. Intervention: *Die TeilnehmerInnen des Kurses erteilen João eine Absage für die Versammlung am Samstag.*

João: "Was wollt Ihr machen, wenn ihr fertig ausgebildet seid?"

Schülerin: "Ich will Fußballspielerin werden. Und du?"

João: "Das wichtigste ist, dass wir unser Problem mit dem Pré-vestibular lösen. Wir müssen uns vereinen, um die politischen Kräfte zu überzeugen. Macht ihr mit?"

Schüler: "Nein, jetzt wo keine Wahlen sind, macht das keinen Sinn!"

João: "Ihr müsst Willenskraft haben. Wo ihr doch studieren wollt und jetzt schon im Pré-vestibular seid, müsst ihr euch vereinen. Nur wenn wir uns vereinen, werden wir unsere Ideale erreichen. Nur wenn wir uns vereinen, werden wir es schaffen, unsere Probleme zu lösen. Wie viel willst du verdienen, wenn du fertig ausgebildet bist?

Schülerin: "Fünf Mindestlöhne sind gut."

João: "Meinst du, dass du damit das hier lösen kannst?"

Schüler: "Das ist ein anderes Problem."

João: "Und du?"

Carlinha: "Zehn Mindestlöhne."

João: "Und du?"

Teresa: "Ich weiß nicht, es hängt davon ab, was ich mache."

(...)

João: "Wir müssen uns vereinen, wenn wir was erreichen wollen. Unsere Ideen zusammenbringen!"

Carlinha: "Und was schlägst du vor, was sollen wir machen?"

João: "Wenn wir uns vereinen, dann können wir nach Leuten suchen, die uns unterstützen, unser Problem zu lösen."

Teresa: "Hör auf zu träumen, João. Wer interessiert sich schon für uns? Die Lehrer wollen einen guten Lohn bekommen, dafür dass sie unterrichten. Und Geld haben wir keins. "

Koordinatorin: "Ich habe mit so vielen Lehrern gesprochen, keiner will umsonst hier arbeiten. Money, Money!!"

João: "Die Willenskraft hilft uns..."
Die SchülerInnen unterbrechen ihn mit heftigem Protest.

2. Intervention:
Luís versucht, in der Rolle des João die KursteilnehmerInnen zu mobilisieren.

Foto: Kempchen

Reflexion der 2. Intervention:

Curinga: "Erreicht João etwas?"
Publikum: "Nein."
Curinga: "Applaus für João." *Applaus* "Was hat João anders gemacht? Was hat er gesagt, wie wollte er die Leute motivieren?"
Zuschauerspieler: "Er hat vom Lohn geredet."
Der Curinga fasst die Argumente des eingewechselten João zusammen. Betont, dass es wichtig sei, dass jeder Probleme unterschiedlich löse. Luís habe eine Alternative gezeigt.

Vorbereitung der 3. Intervention:

Curinga: "Wer hat noch eine andere Idee?"
Einige Leute aus dem Publikum fordern einen Lehrer des Kurses auf, in Szene zu treten. Das Publikum johlt und applaudiert.
Zuschauspielerin: "Los, sie überzeugen sie!!!"
Der Lehrer kommt auf die Bühne. Auch er will in der letzten Szene den João ersetzen. Der Curinga schlägt ihm vor, eine andere Szene zu wählen. Aber der Lehrer bleibt bei seinem Wunsch. Er witzelt mit den SpielerInnen. Das Publikum äußert sich belustigt, ihren Lehrer auf der Bühne zu sehen. Laute Zwischenrufe und Johlen.
Curinga: "Okay, dann geht es los."

3. Intervention: *Die SchülerInnen sagen João ab.*
João: "Gut, ich denke folgendes: Du bist Fußballspielerin. Du musst im Laden helfen. Und du bist es leid. Lasst mich euch eine Frage stellen. Ihr habt schon zuviel einfach hingenommen. Diese Sache mit den Abgeordneten, wenn wir sie weiter verfolgen wollen, wer wird uns helfen? Mit dem Geld, was du als Fußballspielerin verdienen wirst?"

Schülerin: "Ich versuche es!"

João: "Ich bin überzeugt, das du es schaffen wirst, eine gute Fußballspielerin zu werden. Aber was ist in zehn Jahren? Das Leben eines professionellen Fußballers dauert höchstens zehn Jahre. Und was willst du dann machen?"

Schülerin: "Ersteinmal werde ich gewinnen und dann in die Zukunft schauen. Ich werde andere Dinge machen."

(...)

João: "Habt ihr schon mal daran gedacht, nicht nur euer Leben zu ändern, sondern auch das der ganzen Comunidade?"

Koordinatorin: "Aber ich hab doch schon im Netzwerk der Comunidade gesagt: Wir brauchen Lehrer! Bloß haben wir kein Geld, sie zu bezahlen. Das wenige, was wir haben reicht, nicht mal, um die Fahrtkosten zu erstatten. Wo sind die Lehrer? Wir haben doch auch fähige Leute in der Comunidade, aber keiner will für den Kurs unterrichten!"

João: "Du gibst ja schon einen Beitrag. Aber wenn du einfach nur versuchst, die Leute zu überzeugen, hier zu unterrichten, dann verbreitest du noch nicht die Idee und die Probleme eines alternativen Pré-vestibulars einer Comunidade. Und wenn es schwierig bleibt, stirbt die Idee.(...) Und du hast aufgegeben."

Teresa: "Ja, ich habe aufgegeben, weil wir keine Unterstützung bekommen. Ich habe schon so lange gelernt und jetzt wird doch nichts daraus. Ich werde jetzt arbeiten gehen, das bringt zwar nicht viel ein, aber es ist mein Geld. Wir vertun mit dem Pré nur unsere Zeit. Vergiss den Pré-vestibular! Das ist doch nur ein Traum von dir!"

João: "Was ist, wenn wir genug träumen und unser Traum wächst und wir neue Ideen haben? Habt ihr euch schon aufgegeben? Und du leidest unter dem Rassismus, der sozialen Diskriminierung. *Zeigt auf Carlinha.* Wollt ihr euch nicht dagegen wehren und für den Pré-vestibular einsetzen?"

Koordinatorin: "Er hat ziemlich gute Argumente."

Schülerin: "Ja. Ich werde nicht mehr fehlen beim Pré."

Applaus.

Reflexion der 3. Intervention:

Curinga: "Seid ihr damit einverstanden, hat er das Problem gelöst?"

Publikum: "Nein!" "Ja!"

Curinga: "Wer ist damit einverstanden?"

Publikum lacht und redet untereinander

Curinga: "Es gibt welche, die meinen ja."

(...) "Okay, lasst uns mal an die anderen Szenen denken. Welche Szenen haben wir noch? Was ist mit der Polizeikontrolle?"

Für die 4. Intervention meldet sich wieder ein Mann, der João in der letzten Szene ersetzen möchte. In der Intervention bringt er keine neuen Argumente ein, sondern wiederholt die der bisherigen Einwechslungen. Der Curinga fragt das Publikum, ob er etwas erreicht habe. Die Antwort ist: Nein. Er fragt weiter nach den Argumenten, die eingebracht worden sind. Einige aus dem Publikum melden sich zu Wort. Der Curinga fasst schließlich zusammen, dass bei der Intervention die gleichen Argumente der Figur aus dem Stück verwandt aber vehementer vertreten worden seien.

3. Intervention:
Ein Lehrer des Kurses ersetzt João in der letzten Szene.

Foto: Kempchen

Vorbereitung der 5. Intervention:

Curinga:	"Gibt es noch eine letzte Idee, mit der wir das Forum beenden können?"
Zuschauspieler:	"Die größte Repression im Stück zeigt die Szene mit der Polizeikontrolle."
Curinga:	"Kommen sie auf die Bühne und zeigen sie ihre Idee! Der Vorschlag des Forumtheaters ist es, so etwas szenisch zu diskutieren. " *Der Zuschauspieler analysiert das Stück, beschreibt die Szenen in denen Unterdrückung auftaucht und spricht über die Diskriminierung und den Rassismus der Polizei.*
Curinga:	"Und was würden sie in dieser Situation machen?"
Zuschauspieler:	"Ich bin Direktor eines Theaters, ich werde nicht in Szene gehen, ich bin kein Schauspieler!"
Curinga:	"Aber sie sind auch ein Bürger! Ein Direktor eines Theaters ist auch Bürger. Was würden sie als Bürger in dieser Situation machen?"
Zuschauspieler:	*Protestiert und bleibt sitzen.*
Publikum:	*Applaudiert und fordert ihn mit Rufen auf, einzuwechseln.*
Curinga:	"Kommen sie und probieren sie es. Sie können ja hier für die Ärztin einwechseln, die diese drei Freunde fährt."
Zuschauspieler:	*Betritt laut kommentierend die Bühne, aber wehrt immer noch ab, in eine Rolle zu gehen. Das Publikum reagiert belustigt über den Protest des Mannes. Schließlich begibt er sich doch in die Rolle der Ärztin.*
Curinga:	"Okay, dann geht es los."

5. Intervention:	*Die zwei Polizisten stoppen das Auto, in dem die Ärztin, João, sein Bruder Paulo und Carlinha sitzen.*
Polizist 1:	"Stop! Aussteigen, wo kommen sie her?"
Polizist 2:	"Und wohin fahren sie?"
João:	"Wir kommen von der Arbeitsvermittlungsagentur."
Carlinha:	"Und wir haben sie mitgenommen."

Polizist 2: "Sie spricht! Ich habe dich gar nicht gefragt. Bleib ruhig da auf deinem Ast[157]. Du sprichst mir dem Chef. Fahrzeugpapiere und Ausweis der Madame! (...) Sie ist Ärztin..., Doktorin!"

Polizist 1: "Das geht in Ordnung, die Doktorin kann wieder einsteigen. Und diese Vagabunde hier, Ausweise! Ihr seht verdächtig aus!"

Polizist 2: "Chef, durchsuchen wir sie?!"

Polizist 1: "Hände hoch! Habt ihr irgend eine "Sache" bei euch? Besser ihr sagt es gleich!" *durchsucht die drei, der andere hält sein Maschinengewehr auf sie gerichtet.*

Polizist 2: *zu Carlinha* "Das ist ja ein Pit Bull!"

Carlinha: "Wir haben nichts!"

Polizist 2: "Sie spricht schon wieder! Hey "Braune", du redest nur, wenn die Autoritätspersonen dich etwas fragen, verstanden?"

Curinga: *fordert die Ärztin auf* "Los, los!"

Ärztin: "Was ist hier los? Ich fahre diese drei Leute, ich bin verantwortlich für sie. Und wenn ihr irgendwas gegen sie habt, dann müsst ihr euch an mich wenden! Ich habe einen Beruf!"

Polizist 1: "Sie können wieder ins Auto steigen, ihr Problem ist gelöst."

Ärztin: *Protestiert lautstark* (...) "Hören sie auf diese jungen Leute zu schikanieren! Sie können nichts machen, ich bin ein erstklassiger Rechtsanwalt." *zieht einen Ausweis aus der Tasche, um dies zu bestätigen.*

Der Polizist zeigt keinen Zweifel daran.

Ärztin: "Ich werde gleich mit meinem Handy weitere Juristen anrufen! Hören sie endlich mit ihren rassistischen Äußerungen auf!"

Zwischen den Polizisten und der Ärztin entbrennt ein Streit, wobei die Ärztin die beiden immer lauter und aggressiver anschreit.

Ärztin: "Wir gehen jetzt alle auf die Polizeiwache!" *Applaus*

5. Intervention:
Ein Zuschauspieler in der Rolle der Ärztin in der Szene der Polizeikontrolle.
Foto: Kempchen

[157] Eine abwertende Bemerkung, die sich auf den brasilianischen Ausspruch "jeder Affe auf seinem Ast" bezieht.

Reflexion der 5. Intervention:

Publikum:	"Sie ist eine Ärztin!"... "Sie ist keine Rechtsanwältin!"
Curinga:	"Diese Figur ist eine Ärztin."
eingewechselter Zuschauspieler:	"Und nebenbei noch Rechtsanwältin."
Curinga:	"Er hat diese Figur verändert, er hat ihr andere Eigenschaften gegeben als sie im Stück hat. Die Figur ist eine Ärztin und nicht dazu noch Rechtsanwältin. Der Ausweis, den er gezeigt hat, zählt nicht. Wir nennen dies eine magische Lösung. Aber abgesehen davon hat er noch andere Argumente eingebracht, welche?"
Publikum:	*Alle reden durcheinander* "Wissen um die Gesetze."
Curinga:	"Er hat sich für die drei verantwortlich gezeigt und sie verteidigt. Dazu hat er das Recht als Bürger. Was hat er noch gesagt? Er hatte die Idee, mit seinem Handy einen Anwalt anzurufen, das geht. Er hat auch darauf bestanden, dass sie zur Polizeiwache gehen. Zählt das?"
Publikum:	"Ja."
Curinga:	"Warum?"
Publikum:	*Alle reden durcheinander*
Zuschauspielerin:	"Er hat auf sein Recht als Bürger bestanden."
Zuschauspieler:	"Wenn er nicht gebildet gewesen wäre, hätte er vielleicht nicht diese Überzeugung."
Curinga:	*Fasst die genannten Argumente zusammen.* "Im Theater der Unterdrückten gehen alle Szenen, die gezeigt werden, auf eine wirkliche Begebenheit zurück. Natürlich werden sie theatralisiert. Diese Szene ist ein Erlebnis von jemandem der auch in dem Auto saß." (...)

Zum Abschluss stellt der Curinga jede Spielerin der Gruppe vor, erinnert an die schriftlichen Gesetzesvorschläge, bedankt und verabschiedet sich bei dem Publikum. Im direkten Anschluss an die Aufführung findet keine Reflexion der Aufführung in der Gruppe statt. Der Kurs hat kleine Snacks und Getränke mitgebracht, die nun verzerrt werden können. Die Hälfte des Publikums bleibt noch da und unterhält sich mit den SpielerInnen.

In einem Gespräch mit dem Lehrer des Kurses, der die Figur João in die letzte Szene ersetzt hat, befrage ich ihn nach seinem Eindruck von der Diskussion und des Forums. Seiner Meinung nach haben die SchülerInnen Schwierigkeiten zu intervenieren, weil sie selber von den dargestellten Problemen betroffen seien. Sie verhielten sich auch im Kurs passiv. Er fände es problematisch, als ihr Lehrer in eine Intervention zu gehen, und ihnen – wie auch im Unterricht – zu zeigen, wie man sich verhalten könne. Wenn er als Lehrer in die Szene eintrete, so könne das auch für die SchülerInnen eine Rechtfertigung sein, passiv zu bleiben. Daher habe er eigentlich gar nicht intervenieren wollen. Zum Forumtheater selbst äußert er sich positiv. Die Idee, über das Theater eine Diskussion anzuregen gefiele ihm gut; das sei eine spannende Kommunikationsform. Weiterhin hielte er es für wichtig, das in dem Theater die realen Probleme des Alltags dargestellt werden. Dies zeige den SchülerInnen, dass nicht nur sie diese Probleme haben.

Publikumsreaktionen:

Die meisten ZuschauspielerInnen haben sich in den **Interviews**, die ich mit einigen nach den Aufführungen geführt habe[158], positiv über die Idee und Methode des Forumtheaters geäußert. Die Themen seien in den Stücken realistisch dargestellt worden. Als besonders interessant bewerten sie die Möglichkeit im Forum, das Publikum nach Veränderungsvorschlägen für die im Stück dargestellten Probleme zu befragen, und so das Theater als Kommunikationsmittel in politischen Diskussionen zu nutzen.

Im Folgenden werden einige ausgewählte **Gesetzesvorschläge** dargestellt, die ZuschauspielerInen zum Forumsstück der Gruppe *Corpo em Cena* eingereicht haben und auf dem Abschlussfestival des Legislativen Theaters von dem Curinga der Gruppe vorgetragen worden sind:

- Verpflichtung der öffentlichen und privaten Universitäten, kostenlose Pré-vestibular Kurse anzubieten, die von Studierenden höherer Semester im Rahmen eines Praktikums durchgeführt werden.
- Entwicklung eines staatlichen Förderungsprogramms zur finanziellen Unterstützung von mittelosen Jugendlichen, die einen Pré-vestibular Kurs besuchen möchten.
- Automatische Zulassung zum Universitätsstudium mit dem Abschluss des *Segundo Grau*.
- Verpflichtung aller Schulen Brasiliens, die brasilianische Gesetzgebung und die Bürgerrechte im Unterricht zu behandeln, damit das Volk seine Rechte kennen lernt.
- Einrichtung von speziellen Polizeiabteilungen, die Fälle von rassistischer Diskriminierung und generellem Missbrauch der Polizeigewalt untersuchen.
- Abschaffung des Militärgerichts, um die polizeilichen Gewaltübergriffe und den Rassismus bekämpfen zu können.

---

158 Die Interviews sind nach den Aufführungen vor geschlossenen, homogenen Publikumskreisen und auf Theaterfestivals, auf denen mehrer CTO-Gruppen vor heterogenem Publikum spielen, durchgeführt worden.

- Reform der Polizei durch Weiterbildung in den Bürgerrechten und der Nächstenliebe, um ein Bewusstsein dafür zu schaffen, dass die Polizei dem Schutz des Volkes verpflichtet ist.

In vielen Beiträgen äußern die ZuschauspielerInnen, so Boal, generelle Wünsche oder Protest gegenüber der Unterdrückung. Diese dienen zwar nicht zur Entwicklung neuer Gesetzesvorlagen, sie zeigen aber das Bedürfnis der Bevölkerung, sich zu diesen Themen zu äußern. Deshalb sollen diese Beiträge bei größeren Veranstaltungen zum Legislativen Theater auf der Bühne vorgetragen werden.

3.2.6 Die Bewertung der Theaterarbeit durch die Gruppe

Zum Abschluss der Dokumentation wird dargestellt, wie die einzelnen Gruppenmitglieder die Theaterarbeit bewerten. Dabei beziehe ich mich auf die Interviews, die ich mit ihnen durchgeführt habe.

Zur **Idee und dem Ziel des Theaters der Unterdrückten** haben sich alle SpielerInnen positiv geäußert. Am häufigsten sind von ihnen folgende Punkte genannt worden:

- Der Spaß am Theaterspiel und die Ermöglichung dieser Erfahrung auch für solche, die sich die kommerziellen Theaterkurse nicht leisten können oder sich nicht im Theater professionalisieren wollen.
- Im Theater der Unterdrückten werden die Probleme dargestellt, die sie selbst erleben.
- Die Möglichkeit im Forum das Publikum nach der Meinung zu dem präsentierten Problem zu befragen. Dadurch entsteht eine andere Beziehung zwischen dem Publikum und den SpielerInnen.

Das nach der Präsentation folgende Forum mit den Interventionen der Zuschauenden bewerten die SpielerInnen als besonders interessant und wichtig.
Eine Spielerin zieht einen Vergleich zu anderen Theaterkursen, die sie bereits besucht hat. Im Gegensatz zu diesen, die sie als professionell bezeichnet, sei die Arbeit mit dem Theater der Unterdrückten freier. Es gebe nicht so viele Regeln und keinen festen, vorgegebenen Text. Die Übungen seien offener und es werde mehr mit dem Körper gearbeitet, das gefiele ihr gut.

Ein Spieler aus der Gruppe wendet Übungen aus dem Theater der Unterdrückten in einem Theaterkurs, den er an seiner Schule leitet, selbst an.

Zur **Bewertung des Arbeitsprozesses** bemerken einige SpielerInnen positiv, dass sie an der Entwicklung des Stückes beteiligt sind. Ein Spieler kritisiert aber, dass der Curinga gegenüber der Gruppe eine distanzierte Haltung einnehme. Dies hätte er auch bei den anderen Gruppen wahrgenommen.

> "Ich nehme eine Distanz wahr zwischen den Leuten, die sie koordinieren und ihnen selbst. (...) Es ist als wenn sie auf einem Sockel stehen und die Leute dort (unten). Sie koordinieren, befehlen fast. Es ist eine seltsame Sache, es auf diese Weise zu sagen, ich kann es nicht mit anderen Worten ausdrücken" (Interview vom 24.09.1999 mit Fernando, 29 Jahre).

Zur **Bedeutung der Theaterarbeit** in Bezug auf ihre eigene Person äußern einige, dass sie sich durch das Theaterspiel in ihrem Auftreten verändert haben.

> "Das Theater macht lockerer. Es fällt mir leichter auf andere Leute zuzugehen und mit ihnen zu reden.(...) Vorher war ich ängstlicher, ich hätte nie im Leben den Mut gehabt, mich vor den Kurs zu stellen und so was zu präsentieren" (Interview vom 24.09.1999 mit Isabell, 28 Jahre).

> "Meine Art zu reden, wie ich mich ausdrücke, hat sich verändert" (Interview vom 26.09.1999 mit Lúcia, 17Jahre).

> "Ich war eine sehr ängstliche Person. Ich habe mich zugemacht bei allem, was man mir sagte. Heute diskutiere ich und argumentiere. Ich streite mich, wenn ich im Recht bin, bleibe bei meiner Position" (Interview vom 24.09.1999 mit Carlos, 27Jahre).

Für andere SpielerInnen hat sich ihre Sicht auf gesellschaftliche Probleme verändert.

> "Es hat sich die Art verändert, wie ich die Dinge sehe. Ich denke mehr über kleine Probleme nach, überlege, wie ich einen Ausweg finden kann. (...) Vorher habe ich darüber nicht nachgedacht" (Interview vom 24.09.1999 mit Vivianna, 17Jahre).

> "Jetzt habe ich eine Idee davon, wie es um Brasilien steht" (Interview vom 26.09.1999 mit Lúcia, 17 Jahre).

> "Ich wohne in Costa Barros. Hier haben wir wenig Wissen über die Dinge.(...) Es ist gut, unsere Rechte kennen zu lernen, sich dafür und für unsere Ziele einzusetzen" (Interview vom 24.09.1999 mit Carlos, 27 Jahre).

Einige SpielerInnen ziehen in der **Auseinandersetzung mit dem Charakter ihrer Rollenfigur** im Theaterstück einen Vergleich zur eigenen Person.

Lucho über die Figur des Paulo, den er spielt:

> "Er ist ziemlich unterschiedlich zu mir. Es ist interessant, so eine Figur zu spielen, die mit mir persönlich, Lucho, nichts zu tun hat.(...) Er zeigt die Realität nicht nur hier in Costa Barros, sondern auch auf dem Land, diesen Traum erfolgreicher Fußballer oder Pagodeiro[159] zu sein.(...) Paulo zeigt eine Charakteristik, die unglücklicherweise auch viele Brasilianer haben. Sie sehen zwar die Schwierigkeiten, aber anstatt die Dinge zu verändern, passen sie sich ihnen an" (Interview vom 26.09.1999 mit Lucho, 23 Jahre).

Marco über die Figur des João, den er spielt:

> "Dieser Typ hat eine Charakteristik, die ich auch habe. Er geht hin und kämpft, will die Dinge, die nicht in Ordnung sind, verändern. Man muss immer dran bleiben" (Interview vom 26.09.1999 mit Marco, 19 Jahre).

Celina, die selbst alleinerziehende Mutter ist, über die Figur der Mutter im Stück:

> "Es ist sehr interessant, die Rolle der Mutter zu spielen. (...) Wenn ich könnte würde ich ihre Situation verändern. Ich würde selbstbewusster antworten. Ich persönlich unterstütze nicht diese Sache der Mutter, sich der Unterdrückung des Vaters zu unterwerfen. Er schickt sie zum Kochen, Putzen und Arbeiten. Sie schweigt, sagt nichts. Das passiert häufig auch in meiner eigenen Familie. Diese Typen von Frauen, die den Männern gehorchen, sind noch keine Frauen von heute, die unabhängig sind und außer Haus arbeiten" (Interview vom 26.09.1999 mit Celina, 23 Jahre).

Zur **Bewertung der Aufführung vor dem Pré-vestibular Kurs**, berichten einige, die mit den TeilnehmerInnen des Kurses gesprochen haben, dass diesen das Theater gefallen habe und sie es als witzig empfunden haben. Über die Probleme, die das Stück anspricht, aber haben sie nicht gesprochen.

> "Ich war enttäuscht von dem Pré, dass sie nicht in Szene getreten sind. Vielleicht hatten sie keine Lösung oder es war ihnen peinlich" (Interview vom 26.09.1999 mit Lucho, 23 Jahre).

> "Sie haben sich wiedererkannt.(...) Vielleicht hatten sie Angst einzuwechseln, vielleicht hatten sie, weil sie selbst dieses Problem leben, in der Situation keine Antwort" (Interview vom 24.09.1999 mit Vivianna, 17 Jahre).

---

[159] Pagode ist populäre Sambamusik.

"Ich glaube sie haben die Arbeit, die wir machen, nicht begriffen.(...) Es scheint als wären sie tot.(..) Wenn sie etwas wollen, dann suchen sie nicht nach Kooperation. Die Koordination des Pré ist eine kooperative Arbeit, nicht die Arbeit von Alda oder meine Arbeit.(...)Wir sagen immer, die Ausländer sind Individualisten und der Brasilianer hätte diese menschliche Wärme. Wenn aber das Interesse des Einzelnen auf dem Spiel steht, dann vergessen sie die anderen. Was wichtig ist, sind sie selbst" (Interview vom 24.09.1999 mit Fernando, 29 Jahre).

Trotz dieser Erfahrung und Enttäuschung über die Reaktion des Kurses auf ihr Forumsstück sind die meisten SpielerInnen davon überzeugt, dass das Theater der Unterdrückten das Publikum zum Nachdenken anstoßen und vielleicht sogar eine Veränderung der Einstellung bewirken kann.

Der Curinga bewertet die Theaterarbeit mit der Gruppe *Corpo em Cena* als positiv und produktiv. Nach seiner Meinung praktiziert die Gruppe das Theater der Unterdrückten in seiner Totalität. Die Arbeit des CTO hat zum Ziel, dass sich die Gruppen den Mitteln der theatralen Produktion annähern, indem sie z.B. lernen, das Bühnenbild selbst zu gestalten oder die Übungen des Theaters der Unterdrückten selbst anwenden. Und dies ist, so der Curinga, in der Gruppe *Corpo em Cena* der Fall.

4 Diskussion: Dialog und Kooperation in der Theaterarbeit

Das CTO-Rio und Pedro Pontual, Beauftragter der *Participação popular* der Präfektur Santo André, sehen im Legislativen Theater ein neues Kommunikationsmedium zur öffentlichen Auseinandersetzung mit gesellschaftspolitischen Themen und Fragestellungen. Das Theater der Unterdrückten, so Pontual, "stellt eine andere Sprache dar, um mit der Bevölkerung in einen Dialog zu treten"[160] (Pontual 1998).

In diesem Kaptitel soll diskutiert werden, inwiefern in der praktischen Arbeit des CTO mit dem Theater der Unterdrückten bzw. Legislativen Theater Möglichkeiten zum Dialog und Kooperation aus tätigkeitstheoretischer Sicht gegeben sind und umgesetzt werden. Dabei wird die im Kapitel 3 beschriebene Theaterarbeit der Gruppe *Corpo em Cena* betrachtet und diese mit Hilfe der entwickelten Beobachtungskriterien ausgewertet. Zunächst soll der Arbeitsprozess in der Gruppe während der Proben und anschließend die beiden Aufführungen des Forumtheaters reflektiert werden. Abschließend werden Perspektiven zur Förderung von Dialog und Kooperation im Rahmen des Legislativen Theaters entwickelt.

4.1 Diskussion des Arbeitsprozesses

Bevor der konkrete Arbeitsprozess in der Theatergruppe *Corpo em Cena* diskutiert wird, sollen die **äußeren Vorgaben** und **inneren Voraussetzungen** zur kooperativen und dialogischen Theaterarbeit dargestellt werden, da diese auf den Arbeitsprozess einen entscheidenden Einfluss haben.

Die **äußeren Vorgaben**, die seitens des CTO an die Theaterarbeit gestellt werden, beziehen sich v.a. auf die zeitliche Organisation und inhaltliche Qualität der Arbeit. Da das Projekt des Legislativen Theaters von privaten Geldgebern unterstützt wird, steht das CTO unter einem hohen Zeit- und Erfolgsdruck. Die zeitliche Begrenzung der Förderung wirkt sich auf die Arbeit in den einzelnen Theatergruppen spürbar aus. Für den Curinga bedeutet dies, dass er für die Gruppenmitglieder eine schnelle und konkrete Orientierung in der Theaterarbeit schaffen muss. Zeitintensive

[160] Im Original: "(...) numa linguagem diferente para dialogar coma população" (Pontual 1998).

Auseinandersetzungen in der Gruppe wie z.B. die Reflexion der Arbeit nach jeder Probe, die für den kooperativen Arbeitsprozess und Aufbau von dialogischen Beziehungen wichtig sind, drohen aufgrund des Zeitdrucks wegzufallen[161].

Inhaltlichen Einfluss auf die Theaterarbeit nimmt das CTO indem es bestrebt ist, die Qualität der Theaterstücke zu sichern. Dies soll durch die Überarbeitung der Texte und die Bewertung der Darstellung eines neuen Stückes vor seiner ersten öffentlichen Aufführung erreicht werden. Hier zeigt sich das Spannungsfeld, in dem das CTO steht. Auf der einen Seite ist das Zentrum bestrebt, das Theater als ästhetisches Kommunikationsmedium weiterzuentwickeln, und in seiner Arbeit von anderen professionellen Theatern als qualitativ gleichwertig anerkannt zu werden. In diesem Sinne will es an künstlerischer Qualität gewinnen (vgl. Kap. 1.3.2). Von dem Curinga verlangt dies die gute Beherrschung der Theatertechniken und ihre stringente Vermittlung an die Gruppe. Andererseits verfolgt das CTO mit seiner Theatermethode einen pädagogisch-politischen Anspruch, der es nicht erlaubt, sich nur auf den künstlerischen Aspekt zu konzentrieren. Dieser Bildungsanspruch erfordert die aufmerksame Begleitung gruppendynamischer Prozesse und der persönlichen Auseinandersetzung mit dem Theaterspiel und seinen Themen[162].

Die **Voraussetzungen**, die die *Gruppenmitglieder* zur kooperativen und dialogischen Theaterarbeit einbringen, sind verschieden. Zunächst ist die Altersspanne in der Gruppe mit 20 Jahren sehr groß. Auch bezüglich des gesellschaftlichen Problembewusstseins und ihrer individuellen Menschenbilder sind große Unterschiede vorhanden. Beispielsweise führt eine Spielerin den Bedingungszusammenhang rassistischer Einstellungen auf eine angeborene Haltung zurück, während ein anderer Spieler dies als ein systembedingtes Konstrukt der vorherrschenden weißen Klasse erklärt.

Einige Gruppenmitglieder zeigen ein passives und autoritätsorientiertes Verhalten, das sie u.a. aufgrund ihrer Schulbildung entwickelt haben könnten. Die Zielsetzungen

---

[161] Luis Vaz, ehem. Curinga des CTO, berichtet in einem Interview von seinen Erfahrungen aus der Arbeit mit dem Legislativen Theater während der Mandatszeit Boals. Die Theaterarbeit richtete sich, so Vaz, aufgrund des Erfolgdrucks v.a. auf die Entwicklung von Gesetzesvorschlägen aus; für eine angemessene Begleitung der Gruppen sei kaum Zeit geblieben. Für ihn sei es wichtiger, dass das Theater eine veränderte Einstellung beim Menschen als neue Gesetze schaffe (vgl. Interview mit Vaz vom 27.09.1999).

[162] Balby ist der Meinung, dass das Forumtheater Gefahr laufe, entweder an seinem emanzipatorischen oder ästhetischen Anspruch zu scheitern (vgl. Balby 1997, 49).

des Unterrichts an den öffentlichen Schulen Brasiliens sind weder auf die Eigenaktivität der SchülerInnen noch auf eine kritische und eigenverantwortliche Auseinandersetzung mit den Unterrichtsthemen ausgerichtet. Vier von den zehn Mitgliedern der Theatergruppe haben dagegen in selbstorganisierten Gruppen und Institutionen schon konkrete Erfahrungen mit selbständigen Arbeitsweisen gesammelt. Darüber hinaus sind noch weitere SpielerInnen für die Gemeinwesenarbeit sensibilisiert und der Großteil der Gruppe ist am Hochschulstudium stark interessiert.

Der *Curinga* der Gruppe *Corpo em Cena* hat keine professionelle Ausbildung im Bereich Theater und Pädagogik. Allerdings hat er bereits viele Erfahrungen gesammelt in der Arbeit mit entsprechenden Theatergruppen. Da er im Gegensatz zu den meisten Gruppen des CTO diese Gruppe alleine koordiniert, gestaltet sich die Reflexion der Theaterarbeit für ihn schwieriger.

Für die Theaterarbeit bedeuten diese Voraussetzungen, dass ein Potential für eine aktive Mitgestaltung seitens einiger Gruppenmitglieder gegeben ist. Von dem Curinga sollten daher Bedingungen geschaffen werden, unter denen sich dieses vorhandene Potential in Richtung Kooperation und Dialog entfalten kann. Dafür ist ein verantwortungsvoller Umgang des Curingas mit der Gruppe und der Gruppenmitglieder untereinander unerlässlich. Von dem Curinga fordert dies die Bereitschaft, die eigene Rolle immer wieder kritisch zu reflektieren.

Die *Struktur* des **konkreten Arbeitsprozesses** in der Theaterarbeit wird von dem Curinga der Gruppe vorgegeben, soll aber prinzipiell von der Gruppe verändert werden können.

Das Theaterspiel bildet den *gemeinsamen Gegenstand* des Arbeitsprozesses in der Gruppe, wobei die Zielsetzung der Arbeit mit dem Theater der Unterdrückten bei den einzelnen Gruppenmitgliedern verschieden ist. Während für die einen das Interesse am Theater im Vordergrund steht, ist für die anderen v.a. der sozial-politische Charakter des Theaters anziehend.

Die Möglichkeiten zur *Offenlegung der inhaltlichen und persönlichen Ziele, Pläne und Werte* in Bezug auf die Theaterarbeit sind im Arbeitsprozess zwar gegeben, werden aber nicht vollständig ausgenutzt. Hinsichtlich des Stückinhalts ist z.B. einem Spieler die Bedeutung des Bildes, die Abschlussprüfung des *Segundo Grau* als Elfmeterschiessen darzustellen, nicht bewusst. Im weiteren habe ich den Eindruck, dass die Idee des Legislativen Theaters, über Forumsinterventionen

Gesetzesvorschläge zu entwickeln, für einige SpielerInnen noch sehr abstrakt und unklar bleibt. Die Koordination der persönlichen Ziele, Pläne und Werte hinsichtlich der Theaterarbeit ist in der Gesprächsrunde zu Beginn einer Probe und bei den Reflexionen möglich. Meistens findet diese u.a. aus Zeitgründen nur in geringem Umfang statt.

An der *Gestaltung der Theaterarbeit* sind die Gruppenmitglieder in verschiedener Hinsicht beteiligt. Sie sprechen bei der Themensuche, Stückentwicklung und Rollenverteilung mit. Auch arbeiten sie bei der Erstellung des Bühnenbildes, in der Organisation von Aufführungen und Proben ohne den Curinga selbständig.
In allen Fragen, die die Theaterarbeit betreffen, soll die Entscheidung bei der Gruppe liegen. Die Mitbestimmung hat in den Gesprächsrunden einen institutionalisierten Rahmen. Von dem Curinga wird diese Mitbestimmung der Gruppe einerseits konkret eingefordert, andererseits durch eigenmächtige Entscheidungen umgangen.
Die *Selbstbestimmungsmöglichkeiten* der SpielerInnen sind durch die freiwillige Teilnahme an der Theaterarbeit, die gleichzeitig Verantwortung und Verbindlichkeit fordern, durch die institutionalisierte Mitbestimmung und in der Ausgestaltung der Aufwärmübungen gegeben.
Die *Fremdanregung* findet einerseits durch den Curinga und andererseits durch die SpielerInnen selbst statt. Der Curinga bringt in den Gesprächsrunden über eigene Gedanken, Themen und Argumentationen sehr starke Fremdanregung ein. Bei den Aufwärmübungen regt er die SpielerInnen zur Selbstbeobachtung und Wahrnehmung des eigenen Körpers an. Dies fördert die dialogische Auseinandersetzung mit den Möglichkeiten und Grenzen des eigenen Körpers. Die theatrale Darstellung der Figuren im Theaterstück wird von dem Curinga konkret angeleitet und kommentiert.
Die Fremdanregung der SpielerInnen untereinander ist durch die Entwicklung eigener Gedanken in der Gesprächsrunde teilweise gegeben. In den Ausführungen der Aufwärmübungen bereichern sie sich v.a. durch kreative Bewegungsformen gegenseitig. An dieser Stelle sind die Möglichkeiten des körperlichen Dialogs und Kooperation mit der SpielpartnerIn klar gegeben[163]. Bei der konkreten Probe am Stück geben sich die SpielerInnen zur Darstellungsform kaum Kommentare.
In Bezug auf das konkrete Theaterspiel bringt der Curinga deutlich mehr Engagement und Fremdanregung in die Gruppe ein, als die Gruppenmitglieder selbst. Die

[163] Ein Beispiel sind Übungen, die die Thematik des Führen und Geführt-werden aufgreifen.

SpielerInnen sind für diese Bereicherung sehr dankbar, da sie Freude an der Theaterarbeit zeigen und diese überwiegend positiv bewerten. Dennoch ist das Ungleichgewicht problematisch zu sehen, da dadurch die Eigenaktivität der Gruppe gebremst werden kann[164]. Für die SpielerInnen kann es bequem sein, sich auf die Ideen des Curingas zu verlassen und diese nur zu konsumieren, anstatt selbst produktiv zu werden. Daher findet nur eine geringe Fremdanregung untereinander statt. Durch die starke Anleitung gewinnt der Curinga einen relativ großen Einfluss auf die Gruppe und ihre Entscheidungsfindung[165].

Hier spiegelt sich die Ambivalenz des CTO im Verhalten des Curingas wider. Einerseits sollen Unterhaltungswert und Qualität des Theaters gesteigert werden, wozu der Curinga deutlich Regie führt und die Theaterarbeit stringent anleitet. Andererseits steht hinter dem Theater ein Bildungsanspruch, dessen Ziel die aktive Beteiligung und Verantwortungsübernahme der SpielerInnen und ZuschauspielerInnen ist. Inwieweit beides gewahrt bleiben kann, hängt insbesondere von der Rolle und dem Selbstverständnis des Curingas und den Kompetenzen der SpielerInnen ab, sich in den gemeinsamen Prozess mit einzubringen.

Die *Reflexion der Theaterarbeit* orientiert sich an ihrem Produkt. Im Mittelpunkt der Reflexion stehen das Theaterspiel, die Darstellung der einzelnen Rollen und die Reaktionen des Publikums. Die inhaltliche Diskussion über die Themen der Unterdrückung und die verschiedenen Lösungsvorschläge des Publikums bleiben dabei eher an der Oberfläche.

Eine prozessorientierte Reflexion über die Arbeitsweise findet kaum statt, es sei denn, es treten konkrete Konflikte auf, die mit dem Theater zusammenhängen. In der Gruppe *Corpo em Cena* sind offene Konfliktsituationen in Bezug auf die Gestaltung der Theaterarbeit nur sehr selten aufgetreten. Gründe dafür könnten u.a. in der relativ starken Anleiterposition des Curingas und der konsumierenden Grundhaltung der SpielerInnen liegen, die die Entwicklung und Darstellung gegensätzlicher Meinungen nicht zulassen.

[164] Im Lernprozess zur Mündigkeit besteht die Gefahr, dass der Spielleiter die traditionelle Lehrer-Rolle einnimmt. Dies widerspricht dem eigenen Verständnis des CTO von einer demokratischen Zusammenarbeit (vgl. Kap. 1.3.2).

[165] Im Vergleich zu anderen Theatergruppen des CTO fällt auf, dass die Leitungsposition und der Einfluss des Curingas in den Gruppen weniger stark ausgeprägt sind, deren Mitglieder einen höheren Bildungsstand haben oder sich im Theaterbereich professionalisieren.

Die **Beziehungsgestaltung** zwischen dem *Curinga* und der *Gruppe* ist gekennzeichnet durch die zentrale Position des Curingas in der Theaterarbeit. Er ist für die Gruppe der Ansprechpartner im Arbeitsprozess am Theater. In der Kommunikation miteinander zeigen sich Respekt, Anerkennung und Vertrauen. Die Beziehung zwischen dem Curinga und den SpielerInnen konzentriert sich deutlich auf die Inhaltsebene; auf der persönlich-emotionalen Ebene ist sie weniger differenziert gestaltet, da für persönliche Gespräche kaum Zeit bleibt.
Der Umgang miteinander ist ungezwungen und locker, dennoch wahrt der Curinga eine professionelle Distanz zur Gruppe. Diese wird u.a. darin deutlich, dass eine Spielerin ihn im Interview als "Lehrer" bezeichnet, sich dann aber verbessert und ihn bei seinem Vornamen nennt. Zwischen dem Curinga und dem Koordinator des Pré-vestibular Kurses, der bereits konkrete Erfahrungen mit der Leitungsrolle einer Gruppe hat, treten gelegentlich Momente von Konkurrenz auf.
Die *Gruppenmitglieder untereinander* haben ihren gemeinsamen Anknüpfungspunkt in der Theaterarbeit. Darüber hinaus haben sich zwischen einigen SpielerInnen persönlich engere Beziehungen entwickelt. Zwischen anderen SpielerInnen bestehen persönliche Konflikte, die bereits vor der Theaterarbeit entstanden sind, mit denen man sich aber nicht weiter auseinandersetzt. In der Kommunikation respektieren und erkennen sie sich gegenseitig an, momentane Stimmungen und Gefühle werden aber nur teilweise offen geäußert.

Die *Bewertung der Theaterarbeit* durch die Gruppe ist überwiegend positiv. Die meisten SpielerInnen identifizieren sich mit der Theaterarbeit und ihrer Gruppe. Dies zeigt sich u.a. in dem Tragen des CTO T-Shirts bei öffentlichen Veranstaltungen und der Begegnung mit anderen Theatergruppen des CTO.
Eine persönliche Veränderung in der Sichtweise von gesellschaftlichen Problemen wird v.a. von den SpielerInnen festgestellt, die bisher weniger Kontakt mit Gruppen und Institutionen hatten, die im Bildungs- und Bürgerrechtsbereich arbeiten. Die Arbeit mit dem Theater der Unterdrückten löst bei diesen SpielerInnen einen *inneren Dialog*[166] in Bezug auf die behandelten Themen aus. Die von einigen SpielerInnen geäußerten Veränderungen im persönlichen Auftreten zeigen, dass durch das

[166] Sowohl die Tätigkeitstheorie als auch Buber weisen auf den dialektischen Zusammenhang intersubjektiver und intrasubjektiver Dialoge hin (vgl. Kap.2.1).

Theaterspielen die Bereitschaft und Fähigkeit zur Kommunikation wachsen. Dies stellt eine notwendige Vorbereitung zum *äußeren Dialog* dar.
In der Auseinandersetzung mit ihrer Rollenfigur im Theaterstück vergleichen einige SpielerInnen den Charakter dieser Figur mit dem ihrer eigenen Person. Dabei stellen sie wie z.B. der Spieler, der den Protagonisten João spielt, Ähnlichkeiten fest. Oder sie bemerken, dass sie sich anstelle dieser Figur ganz anders verhalten würden. So würde die Spielerin, die die Mutterrolle darstellt, dem Vater selbstbewusster entgegentreten. Die Darstellung einer zunächst fremden Rolle löst offensichtlich eine bewusste Auseinandersetzung mit dem eigenen Rollenverhalten in sozialen Zusammenhängen und der Existenz von Machthierarchien aus. Dieser *innere Dialog* in Bezug auf das Eigene und Fremde, bei dem die Betrachtende in Distanz zum eigenen Verhalten geht, kann zu neuen Erkenntnissen über das Selbst und zugeschriebenen Rollen führen und hat somit eine identitätsbildende Wirkung. Im Sinne einer bewusstseinsbildenden Arbeit ist es sehr lohnend, diesen Prozess der Auseinandersetzung mit *äußeren Dialogen* zu fördern und zu begleiten.

Im Hinblick auf die Merkmale und Strukturen von *gelungenen und gestörten Dialogen* weist die Theaterarbeit in der Gruppe *Corpo em Cena* deutlich charakteristische Momente auf, in denen Dialog und Kooperation stattfinden. Sowohl die Mitbestimmung, welche die ausreichende Selbstbestimmung beinhaltet, als auch die Fremdanregung sind in der Arbeit am gemeinsamen Gegenstand gegeben. Besonders bedeutsam für die Gruppe ist die Möglichkeit, ihre Alltagsprobleme im Theater darzustellen. Dennoch besteht aufgrund der zentralen Anleiterfunktion des Curingas die Gefahr, dass die dynamische Beziehung zwischen Selbst- und Fremdbestimmung aus der Balance gerät. Genauso findet die eigenaktive Teilnahme und Verantwortungsübernahme der SpielerInnen am Theaterprozess nicht hinreichend statt. Beide Entwicklungen stehen in Wechselwirkung zueinander.
Im Vordergrund der dialogischen und kooperativen Theaterarbeit stehen nach der Zielsetzung des CTO gesellschaftliche Problemstellungen und das Theaterspiel selbst. Als Folge dessen findet auch eine persönliche Auseinandersetzung mit den behandelten Themen und der Darstellung einer fremden Rolle statt. Diese Auseinandersetzung ist aus pädagogischer Sicht ein zentraler Aspekt der bewusstseinsbildenden Theaterarbeit. Die angemessene Begleitung dazu wird in der Praxis des CTO zuweilen vernachlässigt.

4.2 Diskussion der Aufführungen

In der Dokumentation der Theaterarbeit der Gruppe *Corpo em Cena* sind zwei Aufführungen beschrieben worden, die im Folgenden im Hinblick auf *gelungene und gestörte Dialoge* diskutiert werden.

Zur öffentlichen Aufführung vor dem Pré-vestibular Kurs:
Das **Publikum**, das sich aus einem relativ geschlossenen Kreis, den KursteilnehmerInnen, ihren LehrerInnen, FreundInnen und Mitgliedern der Kirchengemeinde zusammensetzt, ist untereinander und mit der Theatergruppe zum größten Teil bekannt. Ein Teil der anwesenden ZuschauspielerInnen ist von den im Theater dargestellten Problemen selbst konkret betroffen. Das CTO bezeichnet diesen Publikumstyp als homogen[167].

Zum Charakter der Dialoge in den Interventionen:
Die **1.Intervention** wird von dem einzigen Kursteilnehmer, der in Szene tritt, dargestellt. Er meldet sich relativ schnell auf die Aufforderung des Curinga. In der Intervention tritt er in der Rolle des João selbstbewusst auf und bringt als Fremdanregung neue Argumente. Die SpielerInnen lassen sich auf eine Diskussion mit ihm ein, in der er einzelne direkt und offensiv anspricht.
In der Zuschauspieler-SpielerInnen Interaktion findet unabhängig vom Ergebnis ein gelungener Dialog statt. Wiegand, der die unterschiedlichen Interventionen im Forumtheater kategorisiert, kennzeichnet diesen Interventionstyp als Überwindung der Krise durch kreatives und interaktives Handeln und schreibt ihr eine Vorreiter-Funktion zu (vgl. Wiegand 1998, 46).

Zur **2.Intervention** kommt der Zuschauspieler auf direktes Ansprechen des Curingas auf die Bühne. In der Rolle des João redet er auf die SpielerInnen vehement ein, ohne auf ihre Einwände zu reagieren. Er wiederholt sich in seinen Aussagen, die wie eine Predigt wirken, und bringt keine Neuheit ins Spiel. Die Zuschauspieler-SpielerInnen Interaktion endet mit dem Protest der SpielerInnen.

---

[167] Im Gegensatz zu Aufführungen die auf öffentlichen Plätzen vor einem *heterogenen* Publikum stattfinden, ist von einem *homogenen* Publikum beim Forum, eine intensivere Debatte der Probleme und Lösungsvorschläge zu erwarten.

Die Nichtbeachtung der SpielerInnen und ihrer Argumente entlarvt die Intervention als egozentrische Selbstdarstellung, in der sich ein gestörter Dialog entwickelt. Diesen Interventionstyp beschreibt Wiegand als *Pseudoreaktion* und *Profilierungssucht*. Der Zuschauspieler greift hier auf das Modell des Unterdrückers zurück (vgl. Wiegand 1998, 47).

Im Vorfeld der **3.Intervention** weigert sich zunächst der aufgeforderte Zuschauspieler, da er als Lehrer des Pré-vestibular Kurses nicht intervenieren möchte. Das Publikum drückt in der bestärkenden Aufforderung zur Intervention seine Erwartungshaltung aus. Schließlich kommt der Lehrer auf die Bühne und baut mit Witzen eine entspannte Atmosphäre zu den SpielerInnen auf. Im Spiel spricht er in der Rolle des João die SpielerInnen einzeln und direkt an, worauf sich diese ihm zuwenden und auf seine Argumente einlassen. Obwohl er nicht viel Neues in die Diskussion einbringt, kann er die Sympathie der SpielerInnen gewinnen, so dass sie sich von ihm überzeugen lassen.
Hier spielt das reale Verhältnis zwischen Zuschauspieler und SpielerInnen eine besondere Rolle in der Interaktion. Der Dialog könnte einerseits als gestört interpretiert werden, da sich die SpielerInnen autoritätsorientiert verhalten und der Lehrer dominiert. Andererseits könnte sich aufgrund einer guten persönlichen Beziehung zwischen den Beteiligten ein gelungener Dialog entwickeln.

Der Zuschauspieler, der sich zur **4.Intervention** meldet, wirkt unsicher. In der Rolle des João spricht er leise und teilweise konfus. Er bringt keine neuen Argumente ins Spiel ein und wird vom Publikum, das sich laut verhält, wenig beachtet.
Die Intervention kennzeichnet sich als *Pseudoprotest* des Zuschauspielers, in dem kein gelungener Dialog zustande kommt. Anscheinend steht hier eher das "Sich auf der Bühne Ausprobieren" im Vordergrund.

Im Vorfeld der **5.Intervention** gibt ein Zuschauspieler einen differenzierteren Wortbeitrag zu den unterschiedlichen Unterdrückungssituationen des Stückes. Der Curinga geht auf diese Äußerungen nicht ein, sondern versucht ihn zur szenischen Intervention zu überreden. Der Zuschauspieler versteht sich aufgrund seiner beruflichen Position als Direktor eines Theaters nicht als Schauspieler, kommt aber schließlich doch auf die Bühne. Erst nach der Aufforderung des Curingas greift er in die Szene der Polizeikontrolle als Ärztin ein. Dabei reagiert er stark emotional,

schreit die SpielerInnen an, ohne auf ihre Argumente zu hören. Daraufhin schreit einer der Spieler zurück. Der Zuschauspieler verändert die Eigenschaften der Figur, die er spielt, und sucht damit eine magische Lösung des Problems. Zum Ende hat er mit einer neuen möglichen Idee Erfolg.
Der Zuschauspieler greift in der Intervention durch Nichtbeachtung der SpielerInnen und Einsatz von Machtinstrumenten auf das Modell des Unterdrückers[168] zurück. Aus dem von Dominanzverhalten gekennzeichneten gestörten Dialog entwickelt sich eine Situation der Konkurrenz zwischen Zuschauspieler und Spieler.

Zur Anleitung und Diskussion der Interventionen:
In der Anleitung und Diskussion der Interventionen nimmt der Curinga eine zentrale Leitungsposition ein. Bei der Interventionsanleitung spricht er teilweise gezielt und provokativ einzelne ZuschauspielerInnen an und versucht, sie für bestimmte Szeneninterventionen zu gewinnen. Zeigen sich die Freiwilligen aber für eine Szene entschlossen, lässt er sie ihre Idee ausführen. Der Curinga beendet die Intervention, wenn eine Lösung gefunden worden ist oder sich keine Weiterentwicklung im Spiel abzeichnet[169].
In der Diskussion der Interventionen fordert der Curinga das Publikum auf, den Erfolg der Interventionen zu bewerten. Dabei stellt er Fragen, die teilweise so formuliert sind, dass das Publikum diese nur zu bestätigen oder zu verneinen braucht. Die meisten Beiträge der ZuschauspielerInnen sind wenig differenziert, einige rufen nur Schlagworte herein.
Zum Abschluss der nur kurz und oberflächig gehaltenen Interventionsanalyse fasst der Curinga die genannten Argumente zusammen und weist zur Bestärkung der eingewechselten ZuschauspielerInnen besonders auf die positiven Aspekte der jeweiligen Intervention hin.
Der stringente Rahmen der Interventionsanalyse, den der Curinga vorgibt, lässt eine Diskussion unter den ZuschauspielerInnen und mit der Theatergruppe nicht zustande kommen. Zu Beginn des Forums hat das Publikum offiziell Gelegenheit zur informellen Diskussion untereinander. Im weiteren Verlauf findet ein Gespräch unter den ZuschauspielerInnen nur in den inoffiziellen Pausen statt.

---

168 In dieser Situation könnte es sich auch um das in der Psychoanalyse beschriebene Phänomen der "Übertragung" handeln.
169 Das der Curinga die Handlung auf der Bühne stoppen darf, gibt ihm viel Interpretations- und Definitionsmacht, mit der sensibel umgegangen werden sollte (vgl. Wiegand 1998, 48).

Die Voraussetzungen zum Dialog, die das Publikum zur Forumtheateraufführung der Gruppe *Corpo em Cena* mitbringt, sind vergleichbar mit denen der Theatergruppe selbst. Da die Veranstaltung im Rahmen des Pré-vestibular Kurses stattfindet, könnte es für die TeilnehmerInnen schwierig sein, sich von der im Kurs üblichen Kommunikationsform zu lösen. Von dem Curinga, der das Forum anleitet, verlangt diese Ausgangssituation eine besondere Verantwortung in der Interaktion mit dem Publikum. Einerseits bietet die stringente Diskussionsleitung eine Orientierung für die ZuschauspielerInnen, andererseits hemmt sie die direkte Auseinandersetzung untereinander. Damit sich ein gelungener Dialog entfalten kann, in dem die Selbstbestimmung und Fremdanregung sowie die Beziehungsaufnahme der ZuschauspielerInnen gesichert sind, müssten dem Publikum und auch den SpielerInnen mehr Freiräume zum direkten Dialog miteinander gegeben werden.

Die geringe Beteiligung der TeilnehmerInnen des Pré-vestibular Kurses bei den szenischen Interventionen könnte u.a. darin liegen, dass die Bedingungen der Aufführung nicht so gestaltet sind, dass sich die ZuschauspielerInnen mit ihren Möglichkeiten einwechseln können. Die Provokation und Anklage, die von dem Theater ausgehen, scheinen nicht den Zweck ihrer Zielsetzung zu erfüllen. Möglicherweise wird ein zu hoher Druck aufgebaut, der nicht kompensiert werden kann.

Im weiteren fällt auf, dass nur Männer szenisch und auch mehrheitlich verbal in Aktion treten, während sich die anwesenden Frauen nach außen passiv verhalten. Dies könnte auf das gesellschaftlich geprägte Rollenverhältnis zwischen Männern und Frauen zurückgeführt werden. Aber auch die Inszenierung des Forums als Ort der Selbstdarstellung sowie das Verhältnis der ZuschauspielerInnen untereinander und zur Theatergruppe bilden Faktoren, die die äußere Beteiligung des Publikums beeinflussen. Vor dem Hintergrund dieser Bedingungen gelingt es dem Theater der Unterdrückten hier nicht, Boals Forderung nach einer gleichberechtigten aktiven Beteiligung aller ZuschauspielerInnen umzusetzen (vgl. Boal in Kap.1.2.2)

Auch wenn sich einige ZuschauspielerInnen von außen betrachtet nicht aktiv am Forum beteiligen, könnte die Darstellung der verschiedenen Lösungsvorschläge einen inneren Dialog initiieren[170]. Die ZuschauspielerIn setzt sich gedanklich mit dem

[170] Wiegand betrachtet das Forumtheater in Anlehnung an die sozial-kognitive Lerntheorie Banduras als Ort des sozialen Lernens am Modell. "Wichtiges Moment im sozialen Lernen ist die Auseinandersetzung mit plastischen und lebenden Bildern, sie fördert das Nachahmungsverhalten über affektive und kognitive Prozesse" (Wiegand 1998, 51). Auch die Tätigkeitstheorie spricht vom

gezeigten und dem eigenen Verhalten in ähnlichen Situationen auseinander. Vielleicht spricht sie direkt oder im Nachhinein mit FreundInnen über die gezeigten Lösungsvorschläge. Darauf könnte möglicherweise eine Veränderung der inneren Einstellung der Person hinsichtlich des Problems und eigenen Rollenverhaltens erfolgen. Aus tätigkeitstheoretischer Sicht wirkt diese Auseinandersetzung mit dem eigenen, selbständig gestalteten Standpunkt und den Standpunkten anderer sowie deren Aneignung identitätsbildend. Im wechselseitigen Austausch subjektiver Standpunkte entstehen dann verallgemeinerte menschliche Standpunkte (vgl. Kutscher 2000, 47). In diesem Prozess werden gesellschaftliche Werte und Verhaltensnormen neu konstruiert.

Zur CTO internen Aufführung:

Das **Publikum**, das sich aus der Theatergruppe *Artemanha,* den CTO-MitarbeiterInnen und Boal zusammensetzt, ist mit Forumtheateraufführungen sehr vertraut. Die Gruppe *Artemanha* arbeitet im Vergleich zu den anderen Theatergruppen des CTO selbständiger und zeigt sich ambitioniert, auch über den Rahmen des CTO Projektes Legislatives Theater hinaus tätig zu werden.

Die Gruppe *Corpo em Cena,* die zum ersten Mal das CTO besucht, ist mit dem anwesenden Publikum wenig vertraut.

Zum Charakter der Dialoge in den Interventionen:

Die zwei Interventionen werden in der Szene der Polizeikontrolle gespielt, wobei jeweils der schwarze Spieler ersetzt wird.

In der **1.Intervention** tritt der Zuschauspieler, selbst ein Schwarzer, gegenüber dem Unterdrücker selbstbewusst auf und bringt ihn durch eine strategische Argumentation in die Defensive. Er stellt Machthierarchien in Frage, befreit sich von seinem Objekt-Status und beginnt als Subjekt zu agieren. Die Zuschauerspieler-Spieler Interaktion kennzeichnet sich als gelungener Dialog.

Modell-Lernen, im Gegensatz zum reizgebundenen Lernen Banduras sind hier aber die Bedingungen, unter denen das Lernen stattfindet, für das Gelingen des Lernprozesses entscheidend. Nur unter *dialogischen* und *kooperativen* Bedingungen, d.h. wenn die Beziehungsaufnahme zur Welt bzw. zum Mensch und die Selbstbestimmung gesichert sind, ist das Lernen am Modell möglich (vgl. Kutscher 2000, 31f). Hinsichtlich des Forumtheaters bedeutet dies, die Bedingungen unter denen die Aufführung und das Forum stattfinden, sind so zu gestalten, dass Dialog und Kooperation möglich werden.

Auch in der **2.Intervention** zeigt sich der Zuschauspieler, ein Weißer, in der Rolle des Unerdrückten selbstbewusst. Aufgrund des aggressiven Verhalten des Unterdrückers, der nun von einem Schwarzen gespielt wird, bleibt er Objekt der Repression. Die extreme Unterdrückung macht einen gelungenen Dialog unmöglich.

Zur Anleitung und Diskussion der Interventionen:

In der Anleitung und Diskussion der Interventionen nimmt der Curinga keine stringente Leitungsposition ein. Er initiiert lediglich die Intervention und die anschließende Diskussion mit einer offen gestellten Frage.

Die ZuschauspielerInnen diskutieren direkt miteinander, ohne dass der Curinga interveniert. Jeder Beitrag wird angehört und respektiert, dabei sind auch kritische Einwände möglich. In die kontroverse Diskussion bringen sich auch die SpielerInnen der Theatergruppe *Corpo em Cena* ein. Die Auseinandersetzung über die Stigmatisierung von Schwarzen und FavelabewohnerInnen ist differenziert, Selbstbestimmung und gegenseitige Fremdanregung sind gegeben. Im direkten Anschluss an das Forum haben die SpielerInnen Gelegenheit, ihr emotionales Erleben der Aufführung zu reflektieren.

Die Diskussion kennzeichnet sich als gelungener Dialog, an dem sich die Anwesenden aktiv beteiligen. Boal misst diesen Begegnungen und Dialogen über Themen und Standpunkte der Theatergruppen des CTO untereinander eine besondere Bedeutung bei. Ich habe beobachtet, dass diese Treffen die Identifikation der SpielerInnen mit der eigenen Gruppe und dem CTO stark fördern.

Abschließend soll sich mit der Frage beschäftigt werden, warum eine direkte Diskussion unter den ZuschauspielerInnen und der Theatergruppe, wie ich sie bei der CTO internen Aufführung erlebt habe, nicht auch vermehrt bei öffentlichen Aufführungen vor einem homogenen Publikum stattfindet. Balby kritisiert an der Praxis des Forumtheaters, dass der programmatische Anspruch häufig zu Gunsten aufklärerischer bzw. agitatorischer Zielsetzungen vernachlässigt werde (vgl. Balby 1997, 106).

Bei der Betrachtung der Forumsdiskussionen sind zunächst die Bedingungen, unter welchen die Veranstaltung stattfindet, zu berücksichtigen. Auf Großveranstaltungen sind aufgrund der Anzahl und Heterogenität der ZuschauspielerInnen weniger Möglichkeiten zu Dialog und Kooperation gegeben; zugleich ist auch weniger Anlass zu Selbstdarstellung und Konkurrenz aufgrund der oberflächlichen Beziehung der Anwesenden untereinander vorhanden. Das Theater bekommt hier mitunter eher Showcharakter. Bei den Aufführungen auf öffentlichen Plätzen wechselt zudem ständig das Publikum.

Bei homogenen und geschlossenen Publikumskreisen habe ich hingegen Forumsdiskussionen erlebt, in denen ein gelungener Dialog im Sinne vom direkten öffentlichen Austausch der ZuschauspielerInnen möglich gewesen ist. Wenn gleich hier die Gefahr von Selbstdarstellung und Konkurrenz auch stärker vorhanden ist, da sich die Anwesenden meistens relativ gut kennen.

Weitere Einflußfaktoren auf die Forumsdiskussion bilden die Voraussetzungen, die die ZuschauspielerInnen zur dialogischen Auseinandersetzung mitbringen. Wie bereits erwähnt worden ist, haben 20 Jahre Militärdiktatur und ein autoritäres Schulsystem in Brasilien die Entwicklung gesellschaftlicher Werte und Verhaltensnormen stark geprägt. Deshalb sind unter der Bevölkerung ein Denken in Hierarchien und autoritätsorientiertes Verhalten zu beobachten. Die öffentliche Auseinandersetzung mit politischen Themen hat mitunter einen plakativen und agitativen Charakter. Bei einer Forumtheateraufführung vor Mitgliedern der Landlosenbewegung MST[171] sind beispielsweise die ZuschauspielerInnen auf die Bühne gekommen, um Parolen zu rufen, die vom Publikum mit Sprechchören beantwortet worden sind. Dennoch zeigen einige der von den ZuschauspielerInnen auf Forumtheaterveranstaltungen eingereichten Gesetzesvorschläge, dass eine differenzierte Auseinandersetzung über die im Theater dargestellten Probleme möglich ist. Leider werden diese schriftlichen Vorschläge mit dem Publikum nicht weiter diskutiert.

Damit bei Forumtheateraufführungen eine dialogische und kooperative Auseinandersetzung möglich wird, muss der Curinga diese genannten Bedingungen und Voraussetzungen des Publikums berücksichtigen. Insbesondere die Anleitung der Interventionen und anschließenden Diskussion gestalten sich als eine Gratwanderung. Eine stringente Leitung mit wenig Freiräumen gibt dem Publikum zwar Orientierung, könnte es aber unterfordern. Eine zu offen gestaltete Diskussion dagegen könnte ein

---

[171] Die Landlosenbewegung MST (*Movimento sem Terra*) ist ein Zusammenschluss von Kleinbauern, die sich für eine Agrarreform einsetzen. Ihr Ziel ist die gerechte Verteilung der Agrarflächen in Brasilien. Als Folge der Kolonialisierung sind heute noch 80 % des nutzbaren Bodens in den Händen weniger Großgrundbesitzer. Die MST ist 1985 entstanden und bildet zur Zeit die größte soziale Oppositionsbewegung Brasiliens.

Publikum überfordern. In beiden Fällen sind Dialog und Kooperation nicht möglich. Die Forderungen Boals hinsichtlich der Funktion des Curingas während des Forums wären nicht erfüllt (vgl. Kap. 1.2.2).

Ich habe beobachtet, dass bei öffentlichen Aufführungen eine intensivere Diskussion der Interventionen von den Curingas zum Teil bewusst unterbunden wird. Das Ziel des CTO ist die theatrale und nicht die verbale Debatte, denn diese könnte die ZuschauspielerInnen hinsichtlich der szenischen Interventionen eher hemmen.
Im Sinne des bildungspolitischen Anspruchs mit dem Ziel der Partizipation der Bevölkerung an politischen Diskussionen, den das Legislative Theater verfolgt, sind Analyse und Reflexion eines szenisch dargestellten Lösungsvorschlages unerlässlich. In einer dialogischen Auseinandersetzung über ein Problem bzw. eine mögliche Lösung sollte die kontroverse und direkte Entgegnung der Beteiligten möglich sein. Eine differenzierte Diskussion fördert die angestrebte Initiierung eines inneren Dialogs bei den ZuschauspielerInnen. Das Potential, welches das Forumtheater bzw. Legislative Theater hinsichtlich Dialog und Kooperation bietet, wird vom CTO an diesem Punkt nicht vollständig genutzt.

4.3 Perspektiven in der Arbeit mit dem Forumtheater

Zum Abschluss der Diskussion der Arbeit des CTO-Rio mit dem Legislativen Theater werden zunächst die Möglichkeiten, die das Forumtheater zum Dialog und zur Kooperation bietet, dargestellt. Anschließend wird aufgezeigt, an welchen Punkten die Theaterarbeit ausgebaut werden müsste, um dieses vorhandene Potential zu nutzen.

Dialog und Kooperation im Forumtheater:

- Das Forumtheater bietet benachteiligten Gruppen die Möglichkeit, ihre Alltagsprobleme und Sichtweisen öffentlich zu präsentieren. In seiner Ausrichtung konzentriert es sich auf gesellschaftliche Konflikte, die sich auf der inter- und intrapersonellen Ebene widerspiegeln.
- Das Theater wird von LaienschauspielerInnen gespielt, die im Arbeitsprozess am Stück institutionalisierte Mitbestimmungsmöglichkeiten haben.
- Die Theaterarbeit stellt sowohl für die SpielerInnen als auch für die ZuschauspielerInnen eine künstlerisch-kulturelle Bereicherung dar. Hierbei erfüllt der Curinga in der künstlerischen (An-)Leitung eine bedeutende Funktion. Er fördert die Entwicklung vorhandener und neuer Kompetenzen und Fähigkeiten der SpielerInnen.
- Auf Forumtheateraufführungen ist das Publikum nicht in die passive Zuschauerrolle verbannt, sondern kann sich aktiv in die Theaterarbeit einbringen. Die ZuschauspielerIn ist aufgefordert, ihre Sicht auf das präsentierte Problem und mögliche Lösungsansätze szenisch darzustellen.
- Die Forumsdiskussion bietet Möglichkeiten der dialogischen und kooperativen Auseinandersetzung mit gesellschaftlichen Machtverhältnissen und sozialem Rollenverhalten. Da diese Auseinandersetzung mit inter- und intrapersonellen Problemen auf einer generalisierten Ebene stattfindet, dient das Forumtheater nicht als Beratungsmethode für zwischenmenschliche Konflikte. Die Diskussion kann aber einen Prozess der Neukonstruktion persönlicher und allgemeingültiger menschlicher Werte und Verhaltensnormen initiieren.
- Das Legislative Theater bietet der Bevölkerung über die Formulierung von Gesetzesvorschlägen konkrete Beteiligungsmöglichkeiten an politischen Prozessen und fördert den thematischen Austausch mit Rechtsexperten.

Um dem Bildungsanspruch des Legislativen Theaters – die Partizipation des Bürgers und seine Bewusstwerdung als solcher – gerecht zu werden, müssten aus pädagogischer Sicht folgende Aspekte der Theaterarbeit mehr Beachtung finden und ausgebaut werden. Grundlegend für diese Vorschläge ist ein angemessenes Zeitmanagement.

Ausbau der Theaterarbeit zur Förderung von Dialog und Kooperation:

- Als Ziel der Gruppenanleitung des Curingas sollte das selbständige und unabhängige Arbeiten der Gruppe angestrebt werden. Die Gruppenmitglieder müssen Verantwortung für den Arbeitsprozess übernehmen und eigene Strukturen entwickeln. Dies ist nur zu erreichen, wenn die Bedingungen der Arbeit so gestaltet sind, dass eine emotionale Bindung an die Gruppe und das Thema, der natürliche Umgang miteinander gegeben ist und der Gruppe nichts von außen "aufgestülpt" wird. Dies erfordert vom Curinga eine regelmäßige Reflexion der eigenen Rolle z.B. anhand einer Supervision durch Dritte.
- Das eigene und fremde Rollenverhalten im Theater, wie auch im Arbeitsprozess muss in der Gruppe stärker reflektiert werden. Individuelle Bedürfnisse, mögliche Kritikpunkte und Konflikte müssen offen angesprochen werden. Es ist notwendig, dass sich der Curinga und die Gruppe auf einen intensiveren Lernprozess miteinander einlassen. Pausen während der Probe, die Raum für persönliche Gespräche bieten, sind besonders wichtig. Sie dienen dem Aufbau persönlicher Beziehungen und fördern so die Identifikation mit der Gruppe.
- Um einen konstruktiven und wirklichen Dialog auf Forumtheaterveranstaltungen entstehen zu lassen, sind die Diskussionen der Interventionen vom Curinga so moderieren, dass die ZuschauspielerInnen und die SpielerInnen sich direkt ansprechen können. Um einen plakativen Charakter der Debatten zu vermeiden, sollten die Interventionen sowohl auf der Inhalts- als auch auf der Beziehungsebene analysiert und differenzierte Redebeiträge zugelassen werden. Hilfreich wäre es, wenn z.B. zwei Curingas eine Aufführung moderieren. Es besteht auch die Möglichkeit, die schriftlich eingereichten Gesetzesvorschläge einiger ZuschauspielerInnen im Forum zu diskutieren.
- Anknüpfend an positive Erfahrungen des CTO könnte dem Publikum die Möglichkeit gegeben werden, in Kleingruppen Lösungsvorschläge zu entwickeln

oder Interventionen zu analysieren. Damit haben auch jene eine Möglichkeit sich zu beteiligen, die sich aufgrund von mangelndem Selbstbewusstsein und Körpergefühl in der Großgruppe nicht äußern. So werden Bedingungen geschaffen, die es ermöglichen, aus dem Druck und die Betroffenheit, die das Theater erzeugt, durch aktive Teilnahme herauszukommen.

Für die Arbeit mit dem Theater der Unterdrückten ist es wichtig, sich mit der Bedeutung der Begriffe Dialog und Kooperation auseinander zu setzen. Dabei stellt sich sowohl für den Curinga als auch für die Theatergruppe die Frage, wie eine dialogische und kooperative Zusammenarbeit aussieht und welche Bedingungen dafür erfüllt sein müssen. Wenn für die Theaterarbeit ein Rahmen geschaffen wird, der Dialog und Kooperation fördert, kann das Legislative Theater als eine wirklich neue Sprache im Aufbauprozess der Bürgerrechte verstanden werden. Eine neue Sprache im Sinne der Bezeichnung Pontuals: Der Umgang mit dem Medium Theater muss sich an der Lebenswirklichkeit der BürgerInnen orientieren.
Boals Planungen für die nahe Zukunft führen in eine ähnliche Richtung. In einem Interview berichtet er, dass in den Theatergruppen auch mit der introspektiven Technik, dem *Regenbogen der Wünsche*, gearbeitet werden soll. Denn Forumtheater zu machen bedeutet, sich nicht nur mit der äußeren, sondern auch mit der inneren Realität der Menschen auseinander zu setzen (vgl. Interview mit Boal vom 18.08.1999).

Wirklichkeiten verändern

"Wer will, dass die Welt so bleibt wie sie ist,
der will nicht, dass sie bleibt."

Erich Fried

Im Theater der Unterdrückten und insbesondere in der Methode des Forumtheaters ist der Dialog zwischen den SchauspielerInnen und dem Publikum von zentraler Bedeutung. Boal hat eine klassische Situation des Monologs, wie wir sie in vielfältiger Weise aus unserem Alltag kennen, radikal in Frage gestellt und verändert. Diese Neugestaltung der Beziehung zwischen Spielenden und Zuschauenden ermöglicht gleichzeitig eine qualitativ andere Auseinandersetzung aller Beteiligten mit den dargestellten Problemen im Theater. Diese dialogische und damit zugleich auch kooperative Grundhaltung in der Theaterarbeit ist das zentrale Moment, durch welches Veränderungen nicht nur für die Zukunft geprobt werden, sondern schon im Prozess der Gegenwart möglich sind.

Der brasilianische Pädagoge Paulo Freire definiert den Dialog als einen Kommunikationsprozess, in dem die Menschen die Welt als Problem benennen und damit zugleich verändern, denn ein wirkliches Wort verkörpert in sich die Einheit von Reflexion und Aktion. Auch im Theater der Unterdrückten bzw. dem Forumtheater vollzieht sich dieser Prozess der Erkenntnis, Enttarnung und Veränderung von Wirklichkeiten. Im Theaterspiel stellen die Spielenden eine Wirklichkeit dar, die aus den individuellen Perspektiven der Theatergruppe generiert wird, und erkennen diese als Problem. Gemeinsam mit dem Publikum wird die dargestellte Wirklichkeit als Mythos enttarnt und nach Möglichkeiten ihrer Veränderung gesucht. Dieser Prozess ist nicht als eine lineare Abfolge von Teilschritten zu betrachten, sondern als eine dialektische Entwicklung in Form einer nach oben geöffneten Spirale: In der Erkenntnis enttarne ich Wirklichkeit und verändere sie damit zugleich. Die Grundlage dieses Prozesses bildet der Dialog selbst, daher bedeutet die dialogische Auseinandersetzung zwischen Menschen bereits die Veränderung von Wirklichkeiten.

Aufgrund der zentralen Bedeutung des Dialogs in der Theaterarbeit ist es notwendig sich mit den Begriffen Dialog und Kooperation theoretisch auseinander zu setzen und diese inhaltlich auszugestalten. Zugleich müssen aber diese theoretischen

Erkenntnisse mit der Praxis des Theaters der Unterdrückten in Beziehung gesetzt werden. Sowohl die Tätigkeitstheorie als auch Paulo Freire geben hier klare inhaltliche Konkretisierungen, aus denen sich nicht nur die theoretische Bedeutung einer dialogisch-kooperativen Grundhaltung, sondern auch handlungsleitende Kriterien für die pädagogische Praxis ableiten lassen. Hervorzuheben wäre beispielsweise die unbedingte Möglichkeit zur selbstbestimmten Aneignung von Fremdanregnungen im gemeinsamen Arbeitsprozess. Konkret heißt dies, dass die individuellen Zielvorstellungen, Handlungspläne und Wertorientierungen aller Beteiligten im Hinblick auf den gemeinsamen Gegenstand immer wieder neu koordiniert und ausgehandelt werden müssen.

In der Praxis des Forumtheaters nimmt diesbezüglich der Curinga sowohl während der Forumtheateraufführungen als auch im Arbeitsprozess der Theatergruppe eine außerordentlich bedeutende Funktion ein. Die Rolle des Curingas verlangt einen verantwortungsvollen Umgang mit den SpielerInnen und ZuschauspielerInnen, der sich an deren individuellen Möglichkeiten orientiert. Es ist eine Herausforderung, von der eigenen Leitungsposition zu Gunsten des Engagements der anderen Beteiligten zurücktreten zu können. Erst dann kann sich ein Lernprozess entwickeln, an dem sich alle gleichberechtigt einbringen können und wollen. In diesem Sinn sollte die Beziehung zwischen dem Curinga und den SpielerInnen bzw. den ZuschauspielerInnen ein dynamisches Gleichgewicht zwischen Fremd- und Selbstbestimmung bilden. Dies verlangt von den SpielerInnen und ZuschauspielerInnen, dass sie selbst Verantwortung für den gemeinsamen Arbeitsprozess übernehmen und diese nicht an die Leitungsposition des Curingas abgeben. Von der Person des Curingas erfordert dies die Bereitschaft zur Reflexion der eigenen Rolle. Dies könnte beispielsweise in regelmäßiger Supervision durch Dritte stattfinden.

Zugleich sind die konstruktiven Aufgaben und Funktionen des Curingas im Theater hervorzuheben wie beispielsweise im Aufdecken von gestörten Dialogen, die den Lernprozess behindern, oder im Sinne des bildungspolitischen Anspruchs des Theater der Unterdrückten in der Anregung einer direkten Auseinandersetzung zwischen Spielenden und Zuschauenden über die szenisch dargestellten Probleme und Lösungen.

Neben dem zwischenmenschlichen Dialog provoziert das Theater der Unterdrückten auch innere Dialoge: Durch die Übernahme von fremden Rollen werden die SpielerInnen und ZuschauspielerInnen dazu angeregt, sich mit dem eigenen und dem fremden Verhalten auseinander zu setzen. Dabei ermöglicht das Theaterspiel nicht nur eine kognitiv-abstrakte, sondern gerade eine emotional-lebendige Konfrontation mit typischem Rollenverhalten. Somit erlangt die Auseinandersetzung mit der eigenen Persönlichkeit eine besondere Intensität. Aus den Erkenntnissen über die eigene Person, entwickelt sich nicht nur eine veränderte Einstellung zu sich selbst, sondern auch eine neue Bewertung und Haltung der Umwelt gegenüber. Die Interviews und Gespräche mit den Mitgliedern der Theatergruppe *Corpo em Cena* aber auch anderen Gruppen des CTO-Rio zeigen, dass Theater- und Körperarbeit einen positiven Einfluss auf die Konstruktion des (Körper)Selbstbildes haben. Dem körperlichen Dialog mit sich selbst und anderen kommt also eine identitätsbildende Funktion zu, die in der praktischen sowie theoretischen Beschäftigung mit dem Theater der Unterdrückten noch viel stärker berücksichtigt werden müsste.

Auch beim CTO-Rio fehlt häufig die notwendige Zeit und der angemessene Rahmen für eine intensivere Auseinandersetzung damit. Solche Konflikte zwischen dem qualitativen Arbeitsanspruch und seiner Verwirklichung in der Praxis ergeben sich in der Arbeit mit dem Legislativen Theater aus unterschiedlichen Gründen. Zum Einen steht das Theaterzentrum unter Zeit- und Leistungsdruck, da es wie andere Nichtregierungsorganisationen auch von kurzfristiger finanzieller Unterstützung abhängig ist. Zum Anderen befindet sich das CTO in einem Spannungsfeld zwischen künstlerischen und pädagogischen Zielsetzungen. Auf den ersten Blick scheint dies in einen Widerspruch zu münden. Dieser entsteht aber nur, wenn das Spannungsfeld durch eine einseitige Zielorientierung aufgelöst wird. Ein ästhetischer und zugleich emanzipatorischer Anspruch stellt stattdessen keine unmögliche aber eine besondere Herausforderung dar, durch welche die Theaterarbeit eine qualitativ andere Ebene erreichen kann. Neben der im klassisch-konventionellen Theater üblichen Produktorientierung, gewinnt der gemeinsame Arbeits- und Erkenntnisprozess an Bedeutung. Anstelle der Hierarchie zwischen Theaterregisseur, SchauspielerInnen und Publikum, tritt im Forumtheater die Forderung nach Mitgestaltung aller Beteiligten sowohl während der Proben als auch der Aufführungen. Somit kann ein vielfältiges, kreatives Potential freigesetzt werden, das sich im Produkt – dem Theaterstück und der szenischen Forumsdiskussion – qualitativ widerspiegelt.

Die verschiedenen Techniken des Theaters der Unterdrückten und insbesondere die Kernmethode, das Forumtheater, werden weltweit in den unterschiedlichsten Kulturkreisen zur Sensibilisierung der Bevölkerung für wichtige gesellschaftspolitische Probleme angewendet. Dabei wird das Theater nicht einfach in einer statischen Weise umgesetzt, sondern ständig aufgrund der jeweiligen kulturellen, sozialen und politischen Bedingungen verändert und somit weiterentwickelt. Während in Brasilien die Arbeit mit dem Legislativen Theater auf eine Mitgestaltung der rechtlichen Lebensbedingungen durch die BürgerInnen selbst zielt, habe ich bei der Zusammenarbeit mit einer Theatergruppe in Äthiopien erlebt, dass hier besonders die Aufklärung hinsichtlich der Aidsproblematik und die Sensibilisierung für Frauenrechte im Mittelpunkt stehen. In Deutschland hat sich das Theater der Unterdrückten in Form einer Workshopkultur v.a. in der Erwachsenenbildung, in Hochschulen und Schulen etabliert. Hier werden insbesondere Themen wie der Umgang mit dem Fremden, Gewalt- und Ohnmachtserfahrungen im öffentlichen wie privaten Bereich und Genderfragen szenisch diskutiert.

Faszinierend ist es für mich zu erleben, welche Wirkung die Körper- und Theaterarbeit auf die Menschen hat. Wenngleich die Kulturkreise und Praxisfelder, in denen das Theater angewandt wird, sich stark unterscheiden, so wird seine grundlegende Idee - einen Dialog zwischen SpielerInnen und ZuschauspielerInnen über Probleme ihres Alltags zu ermöglichen – erfolgreich umgesetzt: Im gemeinsamen Dialog werden Wirklichkeiten erkannt, enttarnt und verändert.

Literatur- und Quellenverzeichnis

Literatur:

BALBY, CLEIDE NEGRÃO: Augusto Boal: Theatertheorie und Praxis – unter besonderer Berücksichtigung des "Legislativen Theaters". Unveröffentlichte Magisterarbeit, München 1997.

BALGO, ROLF: Bewegung und Wahrnehmung als System: systemisch-konstruktivistische Positionen in der Psychomotorik. Schorndorf 1998a.

BALGO, ROLF: Lehren und Lernen. Der Versuch einer (Re-) Konstruktion. In: Pädagogik 7-8/ 1998b, 58-62.

BAUMANN, P. T./ KASTNER, B./ KEMPCHEN, D.: Theatre goes politics – es geht weiter. Neues aus Rio. In: Koch, G./ Ruping, B./ Vaßen, F. (Hrsg.): Korrespondenzen. 15. Jhg., Heft 34, 1999.

BOAL, AUGUSTO: Der Regenbogen der Wünsche. Methoden aus Theater und Therapie. Hannover 1999.

BOAL, AUGUSTO: Jogos para Atores e Não-Atores. Rio de Janeiro 1998.

BOAL, AUGUSTO: Teatro Legislativo: Versão Beta. Rio de Janeiro 1996.

BOAL, AUGUSTO: Theater der Unterdrückten. Übungen und Spiele für Schauspieler und Nicht-Schauspieler. Frankfurt am Main 1989.

BOAL, AUGUSTO: Stop: C`est magique. Rio de Janeiro 1980.

BUBER, MARTIN: Ich und Du. In ders.: Das dialogische Prinzip. Gerlingen 1994.

BÜTTNER, MIKE: Kommunikation und Konfrontation: das Unsichtbare Theater. In: Ruping, B. (Hrsg.): Gebraucht das Theater. Die Vorschläge von Augusto Boal. Lingen 1991.

CENTRO DE DEFESA DOS DIREITOS HUMANOS "BENTO RUBIÃO": Favelas e as Organizações Comunitárias. Petropolis 1993.

CHAUÍ, MARILENA: Politische Kultur und Kulturpolitik. In: Ribeiro, D./ Sevilla, R.: Brasilien: Land der Zukunft? Unkel/Rhein, Bad Honnef 1995.

EGGERS, C./ FINK, J-D./ THRUN, J: Der Übergang als Aufgabe – das Statuentheater. In: Ruping, B. (Hrsg.): Gebraucht das Theater. Die Vorschläge von Augusto Boal. Lingen 1991.

FELDHENDLER, DANIEL: Psychodrama und Theater der Unterdrückten. Frankfurt am Main, 2. erw. Auflage, 1992.

FLAMMER, A.: Entwicklungstheorien. Bern 2.Aufl. 1990.

FLEISCHER, DAVID: Brasiliens Parteiensystem 1945-1996. In: Institut für Brasilienkunde (Hrsg.): Brasilien Dialog. Mettingen 3/ 4/ 1996.

FREIRE, PAULO: Pedagogia da Autonomia. Saberes necessàrios à prática educativa. São Paulo 1999.

FREIRE, PAULO: Pädagogik der Unterdrückten. Bildung als Praxis der Freiheit. Hamburg 1973.

FREY, BARBARA: Theater der Unterdrückten in Europa. Unveröffentlichte Magisterarbeit, München 1989.

FRIEBERTSHÄUSER, BARBARA: Interviewtechniken – ein Überblick. In: Friebertshäuser, B./ Prengel, A. (Hrsg.): Handbuch Qualitative Forschungsmethoden in der Erziehungswissenschaft. Weinheim: Juventa 1997.

FRIEBERTSHÄUSER, BARBARA: Feldforschung und Teilnehmende Beobachtung. In: Friebertshäuser, B./ Prengel, A. (Hrsg.): Handbuch Qualitative Forschungsmethoden in der Erziehungswissenschaft. Weinheim: Juventa 1997.

FRIED, ERICH.: Es ist was es ist. Liebesgedichte, Angstgedichte, Zorngedichte. Berlin 1996.

GIPSER, DIETLINDE: Augusto Boals Theater der Unterdrückten. In: Korrespondenzen – Lehrstück – Theater – Pädagogik.1986/ 1987, Heft 2.

GIPSER, DIETLINDE: Das Theater der Befreiung als Instrument für zukünftige Bildungsstrategien: Erkennen heißt Verändern. In: Dabisch,J.(Hrsg.): Information der Paulo-Freire-Kooperation. Dialogische Erziehung. Oldenburg 3/ 1999.

GIPSER, DIETLINDE: Grenzüberschreitungen: Theater der Unterdrückten an Hochschulen in Nah-Ost und West – Emanzipatorische Forschungsprozesse. In: Paulo Freire Gesellschaft (Hrsg.): Zeitschrift für befreiende Pädagogik. Es braucht Mut glücklich zu sein. Anwendungen des Theaters der Unterdrückten. München 1996/ Heft 10.

GIRTLER, ROLAND: Methoden der qualitativen Sozialforschung: Anleitung zur Feldarbeit. Wien 1984.

GLASERSFELD VON, ERNST: Aspekte einer konstruktiven Didaktik. In: ders.: Wege des Wissens. Heidelberg 1997.

GOFFMANN, ERVING: Stigma. Über Techniken der Bewältigung beschädigter Identität. Frankfurt am Main 1975.

GOFFMANN, ERVING: Wir alle spielen Theater. Die Selbstdarstellung im Alltag. München 7.Aufl. 1998.

HERZOG, SYBILLE: Augusto Boals Zentrum des Theaters der Unterdrückten in Paris. Theaterarbeit in der Erwachsenenbildung. Münster 1997.

INSTITUT FÜR BRASILIENKUNDE (HRSG.): Bildung. Aus der Reihe Brasilien Dialog. Mettingen 1/2/1998.

JANTZEN, WOLFGANG: Am Anfang war der Sinn. Zur Naturgeschichte, Psychologie und Philosophie von Tätigkeit, Sinn und Dialog. Forum Wissenschaft, Studien 23. Marburg 1994.

JANTZEN, WOLFGANG: Allgemeine Behindertenpädagogik. Band 1: Sozialwissenschaftliche und psychologische Grundlagen. Weinheim und Basel, 2. Aufl. 1992.

JANTZEN, WOLFGANG: Allgemeine Behindertenpädagogik. Band 2: Neurowissenschaftliche Grundlagen, Diagnostik, Pädagogik und Therapie. Weinheim und Basel 1990.

JANTZEN, WOLFGANG: Psychologischer Materialismus, Tätigkeitstheorie, marxistische Anthropologie. Vorlesung auf dem Wilhelm-Wundt-Lehrstuhl der Karl-Marx-Universität Leipzig, WS 1987/88. Veröffentlicht i.V. Köln und Leipzig 1990 (a).

KRAMER, JENS: Bewegungsförderung und Identitätsbildung – Möglichkeiten und Grenzen der Psychomotorik. Unveröffentlichte Diplomarbeit, Hannover 1997.

KUTSCHER, JOACHIM: Aggression als paradoxe Kommunikation. Unveröffentlichter Seminarreader, Hannover SS 1999.

KUTSCHER, JOACHIM: Bewegungsförderung und Persönlichkeitsentwicklung. Betrachtungen aus tätigkeitstheoretischer Sicht. In: Motorik, Heft 1, Schorndorf 1995.

KUTSCHER, JOACHIM: Einführung in die Tätigkeitstheorie der Kulturhistorischen Schule. Unveröffentlichter Seminarreader, Hannover SS 1998.

KUTSCHER, JOACHIM: Entwicklungspsychologie. Unveröffentlichter Seminarreader, Hannover WS 1999/ 2000.

LEONTJEW, A.N.: Tätigkeit – Bewusstsein – Persönlichkeit. Köln 1982.

MADLENER, KURT: Das Problem der Menschenrechte in Brasilien. In: Ribeiro ,D./ Sevilla, R.: Brasilien: Land der Zukunft? Unkel/ Rhein, Bad Honnef 1995.

MATURANA, H. R./ VARELA, F. J: Der Baum der Erkenntnis. Die biologischen Wurzeln des menschlichen Erkennens. München, Bern 1997.

MAYRING, PHILIPP: Einführung in die qualitative Sozialforschung. Eine Anleitung zum qualitativen Denken. München 1990.

MONTADA, L./ OERTER, R. (Hrsg.): Entwicklungspsychologie. Weinheim 3.Aufl. 1995.

NEUROTH, SIMONE: Augusto Boals "Theater der Unterdrückten" in der pädagogischen Praxis. Weinheim 1994.

REICH, KERSTEN: Systemisch-konstruktivistische Pädagogik. Einführung in die Grundlagen einer interaktionistisch-kontruktivistischen Pädagogik. Neuwied, Kriftel, Berlin 1996.

REISER, HELMUT: Dialog im Gruppenprozess – Zur Vermittlung dialogischer Philosophie und pädagogischer Praxis. In: Iben, G.(Hrsg.): Das dialogische in der Heilpädagogik. Mainz 1988.

SCHMIDT, MONIKA: Vom Zuspitzen der Widersprüche – das Zeitungstheater. In: Ruping, B. (Hrsg.): Gebraucht das Theater. Die Vorschläge von Augusto Boal. Lingen 1991.

SCHRADER, ACHIM: Bildung. In: Schrader, A. u.a. (Hrsg.): Brasilien heute – Politik, Wirtschaft, Kultur. Frankfurt am Main 1994.

SÈVE, L. :Marxistische Analyse der Entfremdung. Frankfurt/ Main 1978.

SIEBERT, HORST: Paulo Freire und Ivan Illich als Konstruktivisten? In: Datta, A./ Lang-Wojtasik, G. (Hrsg.): Bildung zu Self-Reliance. Reformpädagogische Ansätze aus dem Süden. Reihe Theorie und Praxis, Band 68. Universität Hannover 1998.

SIMPFENDÖRFER, WERNER: Porträt Paulo Freire. In: Dabisch, J./ Schulze, H.(Hrsg.): Befreiung und Menschlichkeit. Texte zu Paulo Freire. München 1991.

TAUBER, WALTER: Wissen als Privileg – Schule im Klassenstaat. In: ders.: 25 mal Brasilien. München 1991.

THORAU, HENRY: Augusto Boals Theater in Theorie und Praxis. Dissertation. Rheinfelden 1982.

WIEGAND, HELMUT: Die Entwicklung des Theaters der Unterdrückten seit Beginn der achtziger Jahre. Dissertation. Stuttgart 1999.

WYGOTSKI, L.S.: Denken und Sprechen. Stuttgart, 3. Aufl. 1971.

ZIEGER, ANDREAS: Selbstorganisation und Subjektentwicklung – Ontologische und ethische Aspekte neuropädagogischer Förderung schwerstbehinderter Menschen. In: Behindertenpädagogik, 31. Jg. Heft 2/ 1992, 118-137.

ZIMMER, JÜRGERN: "Überleben wird in der Schule nicht gelernt." Befreiende Pädagogik in Brasilien. In: Blätter des Informationszentrums Dritte Welt. Nr. 187, 1993.

Quellen:

BOAL, AUGUSTO: Modernidade dos sabidos. In: Jornal do Brasil. Caderno B, 04/04/1997 Rio de Janeiro.

CTO-RIO: Avaliação do trabalho nos núcleos. Rio de Janeiro 1993/ 1994.

CTO-RIO: Grupos populares de Teatro do Oprimido (Abril a Agosto). Rio de Janeiro 1998[a].

CTO-RIO: Relatório narrativo (Maio a Decembro). Rio de Janeiro 1998b.

CTO-RIO: Teatro Legislativo. Relatório (Janeiro a Junho) Rio de Janeiro 1999.

NEUE ZÜRICHER ZEITUNG: Haftstrafe für Ermordung von Straßenkindern. 27/ 8/ 1998.

PONTUAL, P./ ZERBINATO DA SILVA, R.: Um Ano de Teatro do Oprimido. In: Diario Popular. 29/04/1998 São Paulo.

Interviews:

BAUMANN, P.T./ KASTNER, B. / KEMPCHEN, D.: Interview mit Augusto Boal vom 18.08.1999.

BAUMANN, P.T./ KASTNER, B. / KEMPCHEN, D.: Interview mit Bárbara Santos vom 07.10.1999.

BAUMANN, P.T./ KASTNER, B. / KEMPCHEN, D.: Interview mit Luiz Vaz vom 27.09.1999.

BAUMANN, P.T./ KEMPCHEN, D.: Interview mit Pedro Pontual vom 17.09.1999.

KEMPCHEN, D.: Interview mit Olivar Bendelak vom 13.10.1999.

KEMPCHEN, D.: Interviews mit Mitgliedern der Theatergruppe *Corpo em Cena* vom 24.09.1999 und 26.09.1999.

KEMPCHEN, D.: Interview mit Valério da Silva vom 23.09.1999.

KEMPCHEN, D.: Audioaufnahme der Forumtheateraufführung der Gruppe *Corpo em Cena* vom 01.09.1999.

Anhang

A) Leitfaden für Interviews mit den Mitgliedern der Theatergruppe

Fragen zur Person:

- Wie alt bis du?
- Wo wohnst du? Seit wann wohnst du dort, kommt deine Familie aus Rio?
- Gehst du zur Schule bzw. arbeitest du? Welche Schule/ Arbeit?
- Bist du in anderen Gruppen ehrenamtlich engagiert?
- Wie bist du zur Theatergruppe gekommen? Seit wann bist du dabei?
- Hast du bereits Mitglieder der Gruppe gekannt?
- Warum bist du in einer Gruppe, die mit dem Theater der Unterdrückten arbeitet?

Fragen zum Stück bzw. zur Gruppenarbeit:

- Welche Themen bzw. Probleme, die in eurem Stück angesprochen werden, sind dir persönlich wichtig?
- Was denkst du über diese Problematik, warum zeigt sich die Situation so? Gibt es Möglichkeiten zur Veränderung?
- Sind die Situationen, die dargestellt werden, realistisch?
- Welche Szenen gefallen dir besonders gut? Warum?
- Wenn du ZuschauspielerIn wärest, hättest du eine Idee, die Geschichte bzw. Situation in dem Stück zu verändern?
- In bezug auf bestimmte Interventionen: Hat sich durch diese Intervention etwas verändert, wurden neue Argumente eingebracht?
- Wie ist das Stück entstanden? Wer trifft Entscheidungen, die das Stück betreffen?
- Sind bei der Theaterarbeit Konflikte aufgetreten, wie seid ihr damit umgegangen?
- Hast du dir deine Rolle im Theaterstück selbst ausgewählt?
- Was denkst du über die Figur, die du spielst?
- Ist es für dich schwierig, diese Figur darzustellen?
- Warum habt ihr diese Musik ausgewählt, wofür steht sie?
- Was soll mit dem Bühnenbild ausgesagt werden?

Fragen zum Theater der Unterdrückten:

- Meinst du, dass Forumtheaterstücke bei den ZuschauspielerInnen eine Veränderung in der Haltung bewirken können? Inwiefern?
- Was denkst du über das Theater der Unterdrückten?
- Was gefällt dir am Theater der Unterdrückten/ was gefällt dir nicht?
- Hat sich für dich etwas verändert, seit du in der Theatergruppe bist?

B) Leitfaden für Interviews mit dem Curinga der Theatergruppe

Fragen zur Person:

- Wie lange arbeitest du schon mit den Methoden des Theaters der Unterdrückten bzw. im CTO-Rio?
- Wie hast du das Theater der Unterdrückten bzw. das CTO-Rio kennen gelernt?
- Welche Ausbildung hast du?
- Warum arbeitest du mit den Methoden des Theaters der Unterdrückten?

Fragen zur Theatergruppe:

- Wie ist der Kontakt zu dem Bildungszentrum CFP Pedreira zustande gekommen?
- Wie hat sich die Theatergruppe gebildet?
- Gab es Veränderungen in der Gruppe, sind Mitglieder gegangen oder neu dazu gekommen?
- Was sind deiner Meinung nach Gründe für den Wechsel?
- Warum bleiben deiner Meinung nach die SpielerInnen in der Theatergruppe?

Fragen zur Gruppenarbeit:

- Wie ist der Prozess verlaufen, ein Thema für das Stück zu finden?
- Wurden besondere Methoden und Übungen verwandt?
- Wie lange hat der Prozess gedauert?
- Sind dabei in der Gruppe Konflikte aufgetreten? Wie ist damit umgegangen worden?
- Wie ist das Theaterstück entstanden?
- Wer entwickelt den Text? Wird er überarbeitet?

- Wie und von wem werden Entscheidungen getroffen, die das Stück betreffen?
- Wie werden die Rollen vergeben?
- Wie entwickelt sich die Interpretation einer Rolle, treten dabei Probleme auf?
- Hast du mit der Zeit eine Veränderung der Gruppenmitglieder festgestellt, welche?
- Das Theater der Unterdrückten will zur Bewusstwerdung beitragen, Menschen sich als Subjekte ihrer Lebensgeschichte verstehen. Welche Charakteristiken bzw. Kriterien sollte deiner Meinung nach eine Theaterarbeit mit diesem Ziel erfüllen?

Fragen zum Stück:

- Welche Bedeutungen haben bestimmte Metaphern oder Szenen, die im Stück verwendet werden?
- Welche Bedeutung hat das Bühnenbild?
- Wer bringt Ideen für das Bühnenbild ein? Von wem wird es gestaltet?
- Warum wurde dieses Material verwendet?
- Wer sucht die Musik, welche im Stück verwendet wird, aus?
- Welche Bedeutung hat die Musik in dem Stück, welche Assoziationen sollen bei der ZuschauspielerIn geweckt werden?

Fragen zum Forum:

- Gibt es je nach Publikum unterschiedliche Reaktionen auf das Stück?
- Was animiert deiner Meinung nach die ZuschauspielerInnen zur Intervention?
- Deine Meinung zu bestimmten Interventionen?
- Welche Kritik hast du zu dem Stück bekommen?
- Am Theater der Unterdrückten wird häufig kritisiert, es sei zu polarisierend. Wie stehst du dazu?

C) Leitfaden für Interviews mit dem Publikum

- Wie hat ihnen das Stück gefallen?
- Sind die Situationen und Probleme, die im Stück dargestellt werden, realistisch?
- Was denken sie über diese Problematik?
- Kennen sie solche Probleme?
- Hätten sie eine Lösung für dieses Problem?
- Was hat ihnen an dem Theater gut gefallen?
- Welche Meinung haben sie zu den dargestellten Interventionen?
- Waren sie schon mal im Theater?
- Wie bewerten sie diese Art, Theater zu machen?

Till Baumann

Von der
Politisierung des Theaters
zur Theatralisierung der Politik

Theater der Unterdrückten
im Rio de Janeiro der 90er Jahre

ISBN 3-89821-144-4
208 S., zahlr. Abb. und Fotos, Paperback
EURO 29,90

Erhältlich in jeder Buchhandlung oder direkt bei
ibidem

"Theater der Unterdrückten" – vielen ist Augusto Boals emanzipatorische Theaterpraxis noch aus den 70er und 80er Jahren bekannt. Lange hatte Boal im Pariser Exil gelebt und war in Europa inzwischen mindestens genauso bekannt geworden wie in seiner brasilianischen Heimat. Doch was ist seit seiner Rückkehr nach Brasilien Ende der 80er Jahre geschehen? Wie und wohin haben er und andere das Theater der Unterdrückten in Rio de Janeiro weiterentwickelt? Diesen Fragen geht Till Baumann in seinem Buch nach. Es handelt von Kultur und Partizipation, von Emanzipation und Kunst, von einer völlig neuartigen Verbindung von Theater und Politik: dem *Legislativen Theater* – einem Ansatz, der weiter geht als die bisherige Praxis des Theaters der Unterdrückten. Denn so wie die ZuschauerInnen sich im Theater der Unterdrückten aus ihrer Passivität befreien und zu AkteurInnen werden, hören BürgerInnen im Legislativen Theater auf, bloße ZuschauerInnen herrschender Politik zu sein. Es geht um neue Formen von Politik, in denen Theater eine zentrale Rolle spielt und neue Partizipationsmöglichkeiten eröffnet.

Der Autor:
Till Baumann ist Diplom-Pädagoge, freier Theatermacher und Musiker. Er lebt in Berlin. Für dieses Buch forschte und arbeitete er drei Monate lang am Zentrum des Theaters des Unterdrückten in Rio de Janeiro.

Bestellungen und Anfragen richten Sie bitte an den

ibidem-Verlag, Melchiorstr. 15, 70439 Stuttgart, Tel.: 07 11 / 9807954, Fax: 07 11 / 8001889

Harald Hahn

Freie Radios als Ort der aktiven Jugend-Medien-Arbeit

ISBN 3-89821-158-4
130 S., Paperback
EURO 19,90

Erhältlich in jeder Buchhandlung oder direkt bei
ibidem

Mit diesem Buch soll ein Einblick in die aktive Jugend-Medien-Arbeit der Freien Radios gegeben werden. Es bietet eine fundierte Grundlage für weiterführende sozialwissenschaftliche Forschungen über Freie Radios sowie für eine auf Selbstbestimmung ausgerichtete aktive Medienarbeit.

Dem Thema wird sich durch die Betrachtung der Entstehungsgeschichte der Freien Radios angenähert. Dies soll zu einem besseren Verständnis dieser Rundfunkstationen führen. Da die Geschichte des Rundfunks auch immer eine Geschichte der Partizipation am Rundfunkwesen ist, skizziert der Autor ausführlich den Kampf der Arbeiter-Radiobewegung für eigene Frequenzen. Einen Kampf, den die Piratensender der neuen sozialen Bewegungen wieder aufnahmen.

Die neuen sozialen Bewegungen entwickelten ein Politikverständnis, in dem Gleichheit, Partizipationsmöglichkeit und Authentizität das Fundament für eine andere Politikform bilden. Diese Ansprüche galten und gelten immer noch für eine alternative Medienproduktion. Inwieweit in den freien, nichtkommerziellen lokalen Radiostationen und ihren Jugendradiogruppen diese Indikatoren verwirklicht werden, ist eine Frage, die in diesem Buch erörtert wird.

Des weiteren werden die Örtlichkeiten der Freien Radios untersucht, weil sie ein wichtiger Bestandteil einer aktiven Jugend-Medien-Arbeit in Freien Radios sind und häufig übersehen wird, wie wichtig der Raum und die Örtlichkeit für pädagogische und politische Prozesse sind. Eine weitere Fragestellung ist, wie die aktive Jugend-Medien-Arbeit in den Freien Radios konkret aussieht und ob sie zur Medienkompetenz beiträgt.

Photo: Martin Speckmann, 1999

Der Autor:

Harald Hahn, Jahrgang 1966, ist freier Radio- und Theatermacher und in neuen sozialen Bewegungen aktiv. Er studierte Pädagogik mit dem Schwerpunkt Medien/Kulturarbeit an der Universität Bielefeld, an der er Lehrbeauftragter für Kulturarbeit ist. Er ist in der Jugend-und Erwachsenenbildung tätig und gibt Theaterworkshops zu den Methoden des "Theater der Unterdrückten" nach Augusto Boal. Außerdem steht er als Kabarettist in dem Programm "Der Zeitungsverkäufer" auf der Bühne und ist Spielleiter der Straßentheatergruppe Piquete in Berlin.

Bestellungen und Anfragen richten Sie bitte an den

ibidem-Verlag, Melchiorstr. 15, 70439 Stuttgart, Tel.: 07 11 / 9807954, Fax: 07 11 / 8001889

Zeitfracht Medien GmbH
Ferdinand-Jühlke-Straße 7
99095 Erfurt, Deutschland
produktsicherheit@kolibri360.de